Wortschatzarbeit und Bedeutungsvermittlung

Fernstudienprojekt des DIFF, der GhK und des GI
allgemeiner Herausgeber: Prof. Dr. Gerhard Neuner

Herausgeber dieser Fernstudieneinheit:
Wolfram Hosch, Deutsches Institut für Fernstudien an der Universität Tübingen
unter Mitarbeit von
Uwe Lehners, Goethe-Institut München

Redaktion: Manuela Beisswenger, Mechthild Gerdes

Im Fernstudienprojekt „Deutsch als Fremdsprache und Germanistik" arbeiten das
Deutsche Institut für Fernstudien an der Universität Tübingen (DIFF), die Universität
Gesamthochschule Kassel (GhK) und das Goethe-Institut München (GI) unter Betei-
ligung des Deutschen Akademischen Austauschdienstes (DAAD) und der Zentralstelle
für das Auslandsschulwesen (ZfA) zusammen.

Das Projekt wird vom Bundesminister für Bildung und Wissenschaft (BMBW) und
dem Auswärtigen Amt (AA) gefördert.

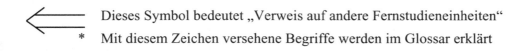

Dieses Symbol bedeutet „Verweis auf andere Fernstudieneinheiten"

* Mit diesem Zeichen versehene Begriffe werden im Glossar erklärt

Druck:	5.	4.	3.	2.	Letzte Zahlen
	98				maßgeblich

Titelbild: Michael Lange
Satz und Gestaltung (DTP): Uli Olschewski/Yen-lin Hung
Druck: Druckhaus Langenscheidt, Berlin
Printed in Germany: ISBN 3 – 468 – **49672** – 9

Bernd-Dietrich Müller

Wortschatzarbeit und Bedeutungsvermittlung

Fernstudieneinheit 8

Fernstudienprojekt
zur Fort- und Weiterbildung
im Bereich Germanistik
und Deutsch als Fremdsprache

Teilbereich Deutsch als Fremdsprache

Kassel · München · Tübingen

LANGENSCHEIDT

Berlin · München · Leipzig · Wien · Zürich · New York

Inhalt

Worum geht es in dieser Studieneinheit?

Die vorliegende Studieneinheit beschäftigt sich mit den Wörtern einer Sprache, ihren Bedeutungen und den Möglichkeiten ihrer Vermittlung im Fremdsprachenunterricht. Dabei geht es vor allem um die landeskundliche Seite der Wortschatzarbeit, d. h. um die Erarbeitung der kulturspezifischen, in den verschiedenen Sprachen voneinander abweichenden Bedeutung der Wörter. Das ist ein Aspekt, der im Fremdsprachenunterricht noch zu wenig berücksichtigt wird, obwohl er eine wichtige Voraussetzung für Kommunikationssituationen ist, in denen man mehr als oberflächliche Kontakte herstellen und ein gewisses Maß an Kulturverstehen erreichen will. Diese Studieneinheit hat es sich deshalb zur Aufgabe gestellt, anhand konkreter Beispiele zu veranschaulichen, wie Wortschatzarbeit und Landeskunde im Fremdsprachenunterricht – speziell im Unterricht Deutsch als Fremdsprache – einander ergänzen können und müssen. Es werden Wege aufgezeigt und Methoden vorgestellt, wie der Lehrer bei der Bedeutungsvermittlung die sprachlich-landeskundliche Komponente systematisch einbeziehen kann und wie die Lernenden mit Hilfe bestimmter Techniken befähigt werden, selbständig fremde landeskundliche Bedeutungen aus den gegebenen Kontexten zu erschließen.

Was untersucht die Studieneinheit im einzelnen?

Im ersten Kapitel geht es um die Frage, wie Menschen Wörter lernen und im Gedächtnis speichern und wie man neue Begriffe im Fremdsprachenunterricht methodisch sinnvoll einführen kann.

Das zweite Kapitel behandelt am Beispiel ausgewählter deutscher Wörter den Zusammenhang zwischen Wortbedeutung und Landeskunde.

Im dritten Kapitel wird anhand bestimmter Methoden (Lehr- und Lerntechniken) gezeigt, wie man im Unterricht Bedeutungsvermittlung und Landeskunde miteinander verbinden kann.

Das vierte Kapitel beschäftigt sich mit den Möglichkeiten der Verständniskontrolle und demonstriert, wie man überprüfen kann, ob die Lernenden die im Unterricht neu eingeführten Begriffe und deren Bedeutungen richtig verstanden haben.

Das fünfte Kapitel stellt Strategien vor, mit deren Hilfe sich die Lernenden selbst die (landeskundliche) Bedeutung eines Wortes oder Ausdrucks erarbeiten können.

Jedes Kapitel enthält einen praxisorientierten Abschnitt mit „didaktischen Konsequenzen". Diese beziehen sich sowohl auf den Unterricht als auch auf Arbeitsmöglichkeiten in der Fortbildung.

Einleitung

Man stelle sich Kinder vor, die in die erste Stunde ihres Fremdsprachenunterrichts kommen: Welche Erwartungen könnten sie haben? Einige Kinder glauben, sie müßten nun das Alphabet neu lernen, also beispielsweise für *m* in der fremden Sprache *a* wählen, für *e* ein *u* oder *k* für *i*, und so neue Wörter basteln. Andere gehen davon aus, sie müßten für jedes Wort in der Muttersprache ein anderes in der Fremdsprache lernen und dann mit anderen Wörtern sprechen; daß dabei die Formen und Satzstrukturen nicht gleich bleiben, entdecken sie dann mit Erstaunen. In jedem Fall erwarten sie neue Wörter in der fremden Sprache. Solche vorwissenschaftlichen Vorstellungen bezeichnet man in der Soziologie als naive Theorien.

Aber auch Erwachsene entwickeln naive Theorien über das Fremdsprachenlernen. Jacques Offenbach macht aus einer solchen Haltung in seiner opera buffa *Salon Pitzelberger* einen witzigen Dialog: Die Hauptperson namens Blumenkohl kommt in die Situation, plötzlich Italienisch sprechen zu müssen. Wie denn das gehe, fragt Blumenkohl verzweifelt. Antwort: einfach nur italienische Endungen an die deutschen Wörter anhängen und darauf achten, daß bei Komposita die Wortfolge umgedreht wird.

> Blumenkohl: Ich habe Ähnlichkeit mit Tamburini? Dann bin ich gerettet.
> Ernestine: Zu einem bestimmten Zeitpunkt verschwinden Sie diskret, Sie ziehen sich um, ersetzen ihn.
> Babylas: Großartig!
> Blumenkohl: Nein, aber nein, ich kann doch gar kein Italienisch.
> Babylas: Italienisch? Das ist doch ganz einfach. Sie hängen an jedes Wort *ano* oder *ino* an, und das Italienisch ist fertig.
> Ernestine: Ernestine, *Ernestina*.
> Blumenkohl: Blumenkohl, *Blumenkohlino*. Ah! Und wie sagt man: Wie geht's?
> Babylas: *Wiegehtsano!* Die übrigen Worte sind sehr einfach: Musik: *Musika*, Tenor: *Tenore*, Bass: *Basso*. Die zusammengesetzten Wörter dreht man um: Kapellmeister: *Maestro di Capello*, Pferdedroschke: *Droschkino di Pferdo*.
> Blumenkohl: Champagnerwein:*Vino di Champagne!* Das ist ja ganz leicht.
> Babylas: Nun, sehen Sie, es geht.
> Blumenkohl: Und wenn ich die Soiree beenden will, wie sag ich: Auf Wiedersehen?
> Babylas: Auf Wiedersehen? (Ratlos) Hm. *Aduyudu!*
> Ernestine: Ja. *Aduyudu.*
> Blumenkohl: Gott, wie seltsam die ausländischen Sprachen sind!
>
> Jacques Offenbach (1977)

Eine fremde Sprache lernen heißt für Blumenkohl und Ernestine, daß man neue Wörter konstruieren muß; ihre Bedeutungen werden dabei als bekannt vorausgesetzt.

Es gibt aber zu Beginn des Fremdsprachenlernens auch die entgegengesetzte Tendenz, nämlich hinter den neuen Wörtern auch eine neue Bedeutung zu vermuten. Manche Kinder stellen sich vor, daß ein neues Wort auch immer etwas Neues bezeichnet: einen bisher unbekannten Gegenstand, eine neue Idee oder Eigenschaft. Das fremde Wort *Schule* könnte Gedanken aufkommen lassen, daß damit etwas völlig anderes als *école*, *school* oder *escuela* in ihrer Muttersprache gemeint sein muß. Diese Annahme wird beispielsweise dann deutlich, wenn deutsche Kinder meinen: „Die Engländer sagen zum Tisch *table*", um dann hinzuzufügen: „Aber es bleibt trotzdem ein Tisch".

> So berichtete eine italienische Studentin des Faches Deutsch als Fremdsprache (Interkulturelle Germanistik) in Bayreuth von ihren ersten Erfahrungen mit der deutschen Sprache in der Schule. Als Kind, so sagte sie, konnte sie sich nicht vorstellen, daß deutsche Kinder in einem *Bett* schlafen könnten. Sie erinnerte sich gut daran, daß sie damals im Unterricht für sich feststellte, auf jeden Fall nur in einem *letto* (ital. *Bett*) schlafen zu können und auch nicht mit einem *Ball*, sondern nur mit einer *bola* (ital. *Ball*) spielen zu können. – Scheinbar haben neue fremde Worte bei ihr die Vorstellung ausgelöst, daß auch die von ihnen bezeichneten Gegenstände sehr fremd sein müssen.

Solche naiven Theorien können die generelle Fremdsprachenlernhaltung beeinflussen, d. h. die Art und Weise, wie man etwas lernt und welche Einstellung man zum Lernen hat.

Brouat (1986, 42f.) berichtet beispielsweise von einer Engländerin, die als Kind Französisch lernte und nicht verstehen konnte, daß die Franzosen nur ein Wort, nämlich *maison* dafür haben, wo die Engländer zwischen *house* und *home* unterscheiden. Sie empfand dort eine Leerstelle, und das sicherlich deshalb, weil sie davon ausging, daß zu jedem Wort ein konkreter, mit dem Wort fest verbundener Wirklichkeitsbereich gehört. Daraus, daß für die beiden Wörter in ihrer Muttersprache nicht ebenfalls zwei Wörter in der Fremdsprache existierten, schlußfolgerte sie, daß dann also bei den Franzosen ein Wirklichkeitsbereich fehlen müsse.

Diese Beispiele zeigen „naive", in der Konsequenz falsche Annahmen. Für den Fremdsprachenunterricht können die zugrundeliegenden naiven Lernhaltungen jedoch auch sehr produktiv sein: Wer generell davon ausgeht, daß die fremden Wörter auch auf eine fremde Wirklichkeit hinweisen, müßte das Bedürfnis haben, nach diesen unbekannten Wirklichkeitsbereichen zu fragen. Aber: Stellen Lernende im Unterricht normalerweise Fragen nach „fremden" Inhalten?

In der täglichen Unterrichtspraxis gehen Lehrer im allgemeinen auf die Beziehungen zwischen fremden Wörtern und ihren von der eigenkulturellen Vorstellung abweichenden Inhalten kaum oder nur am Rande ein. Meist werden diese nur im Kontext gesonderter Landeskunde-Einheiten behandelt.

In der Regel werden neue Wörter eingeführt, indem man sie einfach übersetzt. Das reicht – oberflächlich gesehen – für eine Kommunikation zwar erst einmal aus, führt aber regelmäßig zu Verständnisschwierigkeiten, Mißverständnissen oder Fehlinterpretationen von Verhaltensweisen, weil die konkrete landeskundliche Bedeutung nicht bekannt ist.

Wenn die Lehrenden aber die Vermittlung fremder Bedeutungen nicht als explizites Lernziel verfolgen, dann werden die Lernenden von sich aus auch nicht oder nur selten nach den landeskundlichen Inhalten der neu gelernten Begriffe fragen. Eine solche Haltung, die von der ursprünglichen, fragend- „naiven" Herangehensweise an fremde Bedeutungen abweicht, ist meist auf die im Unterricht angewendeten Lern- und Testformen zurückzuführen. Jene verschaffen oft nur denjenigen Lernenden Erfolgserlebnisse, die über einen umfangreichen Wortschatz verfügen, d. h. viele Wörter kennen und diese beispielsweise in Lückentexte einsetzen können. Diejenigen Lernenden aber, die sich besonders für die fremden Lebensformen und damit für die Unterschiede und Abweichungen in den fremdsprachlichen Bedeutungen interessieren, haben kaum Möglichkeiten, ihre Interessen in den Unterricht einzubringen bzw. ihr kulturelles sprachliches Wissen in den Tests unter Beweis zu stellen. Das führt bei diesen Lernenden normalerweise zu Resignation und in der Folge dazu, daß sie „umlernen" und sich dann vor allem möglichst viele Wort-für-Wort-Entsprechungen aneignen, um gute Testergebnisse zu erzielen. Das aber kann und sollte nicht Ziel des Fremdsprachenunterrichts sein. Aus diesem Grund möchten wir Ihnen in dieser Studieneinheit Vorschläge unterbreiten und bestimmte Methoden vorführen, wie man integrativ Sprache und Landeskunde vermitteln kann. Die präsentierten didaktischen Verfahren sollen über die institutionelle Lernsituation hinaus bewirken, daß Lernende mit Interesse und Spaß selbständig die vielfältigen kulturellen Unterschiede zwischen der eigenen und der fremden Kultur erarbeiten. Mit einer solchen Zielsetzung könnte der Fremdsprachenunterricht angesichts der fortschreitenden Internationalisierung des Alltags- und Berufslebens und angesichts der vielen mit kulturellen Verschiedenheiten begründeten Konflikte eine wichtige pädagogische Aufgabe übernehmen.

1 Der Wortschatz – ein Schatz mit Struktur

In diesem Kapitel beschäftigen wir uns mit dem Wortschatz, den man im wahren Sinne des Wortes als „Schatz" ansehen kann. Dabei stellt man schnell fest, welche Mengen an Wörtern sich im Laufe des Lebens ansammeln. Zu fragen bleibt, wie man diese speichern und wie man andererseits schnell darauf zurückgreifen kann, besonders wenn man in Wortschwierigkeiten ist. Wie funktioniert dieses System? Zur Beantwortung dieser Fragen greifen wir auf Erkenntnisse aus der Lernpsychologie und Informationstheorie zurück. Diese sollen uns möglichst auch Hinweise darauf geben, wie wir neue fremdsprachliche Wörter sinnvoll lehren und lernen können. Dabei spielt die Landeskunde eine wichtige Rolle.

Überblick

Konsequenzen für den Unterricht und die ersten methodischen Hinweise zur Wortschatz-arbeit finden Sie dann am Schluß des Kapitels (S. 18f.).

Hinweis

1.1 Wie viele Wörter kennt ein Erwachsener?

Vorläufig und grob ausgedrückt kann man sagen, daß jede Kultur* ein sehr komplexes System von „Dingen", zusammenhängenden Elementen, hervorbringt, das anzeigt, wie wichtig bzw. weniger wichtig diese für die Erhaltung und Weiterentwicklung dieser bestimmten Kultur sind. Die Bedeutung dieser Elemente können die Mitglieder einer Gesellschaft mit einer großen Zahl von Wörtern ausdrücken. Sie müssen also viele Wörter kennen. Wie groß diese Zahl ist, läßt sich nicht genau sagen – es gibt dazu verschiedene, manchmal auch kurios erscheinende Vorstellungen.

> Jean Aitchison berichtet von einem Intellektuellen, der in der Mitte des 19. Jahrhunderts in England einigen Bauern zuhörte, die beim Äpfelsammeln miteinander redeten. Nach einer Weile notierte dieser Herr entsetzt, daß die Bauern in den zwei Stunden, die sie miteinander redeten, kaum mehr als 100 verschiedene Wörter benutzten.
>
> nach: Aitchison (1987), 5

Beispiel 1

Die Schlußfolgerung des englischen Gelehrten war, von nun an seinen Wortschatz sehr stark zu reduzieren. Doch diese Bauern kannten sicher viel mehr Wörter, als sie bei ihrer Unterhaltung (situativer Wortschatz) gerade gebrauchten. Ähnliche Beispiele lassen sich auch in anderen Sprachen finden:

> In Frankreich hatte der Schriftsteller Georges Simenon gehört, daß über die Hälfte der französischen Bevölkerung normalerweise nicht mehr als 600 Wörter benutze. Entsprechend versuchte er von dieser Zeit an, seinen Wortschatz beim Schreiben zu kürzen.
>
> nach: Aitchison (1987), 5

Beispiel 2

Nach diesen Beispielen sind weder 100 noch 600 Wörter „viele". Die Frage ist, wo eigentlich „viel" beginnt, oder anders formuliert: Was heißt „viele Wörter beherrschen"?

Zur Beantwortung dieser Frage haben Seashore und Eckerson eine Untersuchung durchgeführt. Sie nahmen ein Wörterbuch der englischen Sprache mit 450.000 Einträgen zur Hand und schrieben systematisch eine Reihe von Testwörtern heraus. Dazu bestimmten sie auf jeder linken Seite das dritte Wort und erhielten so 1.320 Wörter. Diese Wörter wurden eingeteilt in
– Grundwörter (z. B. *Tisch, gehen* etc.)
– seltene Grundwörter (z. B. *Mähre, äsen* etc.) und
– Ableitungen und Zusammensetzungen (z. B. *verpflanzen, Zitronentee* etc.).

Experiment 1

Dann testeten sie, welche dieser zufällig aus dem „Maximalwortschatz" bestimmten Wörter einer Reihe von Testpersonen (ca. 330) bekannt waren. Die Ergebnisse waren sehr erstaunlich. Die Testpersonen kannten 35% der Grundwörter, 1% der seltenen Grundwörter und 47% der Ableitungen und Zusammensetzungen aller zufällig ausgewählten Wörter. Daraus konnte man hochrechnen, daß diese Personen ca. 150.000

Wörter kennen mußten! – Die schlechtesten Testpersonen hatten noch einen Wortschatz von 100.000 Wörtern, die besten kannten über 200.000 Wörter. Weitere Tests zeigten, daß die Versuchspersonen fast 90% dieser Wörter aktiv gebrauchen konnten.

nach: Aitchison (1987), 6

Kommentar

Natürlich sähen diese Zahlen für das Deutsche anders aus; man hätte allein schon große Probleme, die große Anzahl von Komposita zu definieren: Werden sie als ein Wort oder als mehrere verschiedene betrachtet? Trotzdem kann man aufgrund dieses Experiments sagen, daß der Wortschatz von „gebildeten Erwachsenen" in ihrer Muttersprache wesentlich höher ist, als man es vermutet hatte und daß er sicherlich in jedem Fall mehr als 100.000 Wörter und Wortverbindungen umfaßt.

Aus eigener Erfahrung wissen wir, daß wir sehr gut und schnell eine große Anzahl von Informationen aufnehmen und verarbeiten. Offensichtlich werden die Wörter sehr effektiv im Gehirn gespeichert und verwaltet. Wir erkennen bekannte Wörter sofort wieder und können sie bei Bedarf sehr schnell abrufen.

Experiment 2

In mehreren Experimenten haben Marslen-Wilson und Tyler (1980) festgestellt, daß wir im Durchschnitt Wörter sehr schnell erkennen, und zwar schneller, als wir sie aussprechen können: Während die Durchschnittsdauer für das Aussprechen eines Wortes knapp 0,4 Sekunden beträgt, braucht man nur 0,2 Sekunden, um ein Wort zu erkennen und mit dem Nachsprechen zu beginnen. 0,2 Sekunden! Auch die Entscheidung, ob ein Wort überhaupt der eigenen Sprache angehört oder nicht, ist sehr schnell getroffen: Durchschnittlich benötigt man dazu 0,5 Sekunden. Ein Computer würde heutzutage sicher wesentlich länger brauchen, wenn er 150.000 Einheiten überprüfen müßte, ob sich darin ein gesuchtes Element befindet oder nicht.

Kommentar

Daß wir einen so blitzartigen Zugriff auf einzelne Wörter haben, ist erstaunlich. Wie kann man eine solche Masse an lexikalischen Einheiten so schnell bewegen? Angesichts dieser Tatsachen liegt es nahe zu schließen, daß der Wortschatz einfach optimal strukturiert ist. Denn es ist kaum vorstellbar, daß eine solche riesige Menge von Informationen additiv in unseren Köpfen gespeichert wird, beispielsweise wie in einem Wörterbuch in alphabetischer Reihenfolge. Wir müssen also annehmen, daß dieser sehr umfangreiche Wortschatz qualitativ gegliedert sein muß. Doch wie kann man sich das vorstellen?

Hinweis

Mit der Struktur unseres Wortschatzes beschäftigen wir uns im nächsten Abschnitt.

1.2 Wie ist der Wortschatz strukturiert?

Einzelelemente einer großen Masse können auf verschiedene Art und Weise miteinander zusammenhängen. Zur Veranschaulichung geben wir Ihnen drei Beispiele, und zwar
a) einen Versuch aus der Praxis,
b) eine mathematische Erklärung,
c) ein Assoziationsexperiment aus der Psychologie.

Hinweis

Wenn Sie wenig Zeit haben, können Sie die folgenden drei Punkte (a – c) überspringen.

a) Das Telefonbuch-Experiment (nach einer Idee von Paul Meara)
Der amerikanische Psychologe Milgram hat in jüngerer Zeit einen Versuch durchgeführt, den man auch auf jedes andere Land mit einem dichten Telefonnetz übertragen kann:

Experiment 3

Nehmen wir an, es gäbe ein Telefonbuch, das die Namen aller Telefonkunden z.B. in Deutschland enthält, und stellen wir uns folgenden Versuch vor:

Schritt 1: Man schlägt in diesem Telefonbuch mit ca. 40 Millionen Einträgen irgendwo zwei Seiten auf und tippt blind mit dem Finger auf zwei beliebige Personen X und Y.

Schritt 2: Man gibt der Person X den Auftrag, der zweiten Person Y möglichst schnell einen Brief zukommen zu lassen. Dies darf nur so geschehen, daß er von Person X über weitere Personen zu Person Y weitergereicht oder -geschickt wird, wobei sich diese anderen Personen persönlich kennen müssen.

Was schätzen Sie: Wie viele Stationen (= Personen) wird dieser Brief durchlaufen, bis er endlich seinen Empfänger erreicht?

In den USA mit ca. 250 Millionen Einwohnern hat ein solches Experiment ergeben, daß der Brief zwischen den Personen X und Y maximal 10 und wenigstens 2 Stationen durchlaufen hat!

Dieses überraschende Ergebnis illustriert die Tatsache, daß Millionen Elemente (= Telefonkunden) untereinander in einer Beziehung stehen, deren Dichte den meisten nicht bewußt ist. Beispielsweise staunt man immer wieder, wenn man Menschen kennenlernt, die zufällig andere kennen, mit denen man selbst befreundet ist oder irgendwie zu tun hatte. Ebenso wie die Elemente einer Gesellschaft, einer Kultur oder anderer großer Systeme intern miteinander verknüpft sind, kann dies auch von den Wörtern im Gedächtnis angenommen werden.

b) Mathematische Illustration (nach einer Idee von Paul Meara)

Diesen inneren Zusammenhang kann man System, Struktur oder Netzwerk nennen. Der letzte Begriff verdeutlicht bildlich den Zusammenhang der Wörter. Doch muß man sich dabei vorstellen, daß sich dieses Netzwerk nicht nur zweidimensional ausbreitet, sondern daß es dreidimensional strukturiert ist.

Mathematisch kann man solche Netzwerkgebilde ebenfalls darstellen. Die im Beispiel 3 und 4 abgebildeten Netzwerke illustrieren deutlich, wie klein die Schritte von einem Punkt des Systems zum anderen sind.

Netzwerke lassen sich mathematisch durch drei Faktoren bestimmen:

U = Anzahl der Punkte
V = Anzahl der Strecken (Verbindungen), die von einem Punkt ausgehen.
D = maximale Anzahl der Schritte (Etappen), die innerhalb eines Netzes notwendig sind, um (ohne Umwege) von einem Punkt zu einem anderen zu gelangen.

Netzwerk 1:

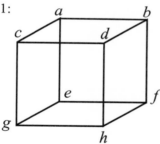

$$U = 8$$
$$V = 3$$
$$D = 3 \text{ (z. B. von a nach h)}$$

Netzwerk 2:

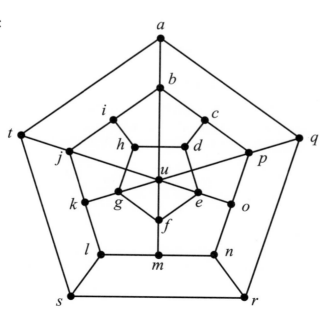

11

Aufgabe 1

> *Bestimmen Sie im Netzwerk 2 (Beispiel 4) die Anzahl von U, V und D (von a nach e). Orientieren Sie sich dabei an Beispiel 3.*
>
> $U =$ _____
>
> $V =$ _____
>
> $D =$ _____

Ergebnis

Selbst bei einem so großen Netzwerk sind die Etappen zwischen einzelnen Elementen relativ kurz. So kann man beispielsweise von (r) nach (b) über n, m, f, u (5 Etappen), über s, t, a (4 Etappen) oder über q, a (3 Etappen) gelangen. In dreidimensionalen Netzwerken geschieht der Zugriff vielleicht noch schneller. Die Etappen zwischen einzelnen Elementen sind also in komplexen Systemen sehr kurz. Den Wortschatz einer Sprache können wir uns ebenfalls als ein komplexes System vorstellen: Beziehen wir die mathematischen Modelle auf das Netzwerk „Wörter im Kopf eines Menschen", so könnte man annehmen, daß auch hier die Anzahl der Schritte sehr klein ist, die man von einem Wort zu irgendeinem anderen machen muß, daß also diese Wörter eng miteinander in Verbindung stehen müssen.

c) Psycholinguistische Erklärung

Diese Hypothese läßt sich auch mit folgenden psycholinguistischen Versuchen veranschaulichen:

Beispiel 5

Wir baten eine Studentengruppe, spontan vier Assoziationen zu nennen. Sie gaben an:

1. *Pferd*   2. *Handel*   3. *Café*   4. *lieb*

Wir versuchten dann gemeinsam, Verbindungen zwischen den einzelnen Assoziationswörtern herzustellen, beispielsweise:

Pferd – Kaufmann – Handel oder kürzer: *Pferde – Handel*

Handel – Geschäftsleute – persönliches Gespräch – Café

Café – Freund – Blick – lieb.

Aufgabe 2

> *Versuchen Sie nun, zwischen den Wörtern 1 und 3, 2 und 4 ebenfalls solche Verbindungs-Assoziationen herzustellen.*
>
> *1 – 3:* _____
>
> *2 – 4:* _____

Folgerung

Sie werden sicher erkennen, in welch engem Zusammenhang die Bedeutungen willkürlich genannter Begriffe zueinander stehen, wenn man sie auf konkrete Situationen der Wirklichkeit bezieht. Ähnliches kann man auch mit Hilfe von Texten demonstrieren.

Aufgabe 3

> *a) Schreiben Sie aus einem beliebigen deutschsprachigen Text vier verschiedene Substantive heraus (bitte möglichst schnell!).*
>
> | **Begriffe** | **Assoziationen** |
> |---|---|
> | *1.* _____ | _____ |
> | | _____ |
> | | _____ |

	Begriffe	*Assoziationen*
2.	_____	_____
		_____
		_____
3.	_____	_____
		_____
		_____
4.	_____	_____
		_____
		_____

b) *Stellen Sie Assoziationen zwischen den Begriffen 1 und 2, 2 und 3 sowie 3 und 4 her, und achten Sie darauf, wie wenige/ viele Verbindungswörter Sie benötigen, um von einem Begriff zum anderen zu gelangen.*

Solche Experimente sind noch keine echten Beweise, sie illustrieren jedoch, wie vielfältig und „engmaschig" Wörter im Gehirn miteinander verknüpft sind.

1.2.1 Wie sind die Wörter im Gehirn miteinander verbunden?

Die Gedächtnispsychologie ist zu dem Ergebnis gekommen, daß die „riesige Informationszentrale Gedächtnis" (Rohrer 1984, 13) verschiedene Typen von Verbindungen zwischen den Einzelelementen aufweist. Im didaktischen Teil dieser Studieneinheit (vgl. Kapitel 1.4) kommen wir darauf zurück. Hier sei nur festgehalten, daß Assoziationen zu einem Einzelwort in fünf grundlegende Typen der Verbindung eingeteilt werden können:

Hinweis

Schema

1	**Koordinationen***	Salz + Pfeffer + Senf
2	**Kollokationen***	Salz streuen
3	**Subordinationen***	Vogel ∕ | \ Spatz Ente Adler Eule
4	**Synonyme**	berichtigen = korrigieren
5	**Antonyme**	gut >—< böse

nach: Aitchison (1987), 75; ergänzt

Im Beispiel 6 finden Sie 10 Assoziationen eines Deutschen (andere Deutsche haben vermutlich andere Assoziationen) zu den Wörtern *vergnüglich, Grenze* und *Schmetterling.*

Beispiel 6

vergnüglich	Grenze[1]	Schmetterling
Ausflug	dicht	Falter
Film	DDR	Blumen
spaßig	Mauer	bunt
gern	zu	Kohlweißling
unproblematische Beziehung	Zoll	Zitronenfalter
Stunde	Grenzkontrolle	Sommer
Nachmittag	Schmuggel	Wiesen
stressig	grüne Grenze	Flügel
genüßlich	auf	aussterben
Spucke	Schießbefehl	Jean Paul

[1]Befragung vor dem 10.11. 1989

Aufgabe 4

a) *Ordnen Sie den folgenden vier Verbindungstypen einige Assoziationswörter aus Beispiel 6 zu:*

Koordination: _____

_____

Kollokation: _____

_____

Subordination: _____

_____

Synonyme: _____

_____

b) *Welche Wörter passen nicht in die vier Typen, und warum nicht?*

Wörter	**Begründung**
_____	_____
_____	_____
_____	_____
_____	_____

1.2.2 Wortbedeutung und Kultur

These

Assoziationswörter lösen Assoziationsketten aus. Doch deren Elemente sind nicht immer aus der gleichen Wortklasse, auch wenn die vier Verbindungstypen das vielleicht nahelegen: Konkreta verbinden sich z. B. mit Abstrakta und Substantive mit Adjektiven und diese wiederum mit Verben.

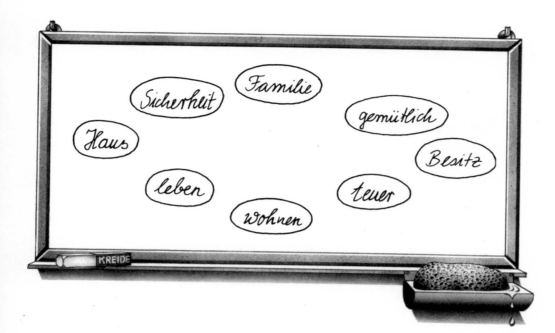

Dies hat seinen Grund darin, daß sich die Assoziierenden das Wort als einen <u>Begriff</u> vorstellen, der <u>kulturspezifische Verhältnisse</u>, kulturspezifische Verbindungen zum Ausdruck bringt. Diese Verbindungen entstehen natürlich durch die Erfahrungen, die die Personen in einer Kultur mit einem Begriff machen. Wenn beispielsweise eine Deutsche oder ein Deutscher auf das Wort *Frühstück* mit der Assoziation *Zeitung* reagiert, liegt das sicherlich daran, daß viele Deutsche morgens eine Zeitung zugestellt bekommen und das Zeitunglesen einen großen Stellenwert beim Frühstück hat.

Assoziationen weisen also auf kulturspezifische Gewohnheiten hin, sowohl im Verhalten als auch im Denken. In unserem Modell heißt das: Assoziationen weisen darauf hin, daß Begriffe einer Gesellschaft mit ganz spezifischen anderen Begriffen strukturell (Netzwerk) verbunden sind, daß also in dieser Gesellschaft spezifische Zusammenhänge bestehen, bewirkt durch <u>spezifische kulturelle Prozesse</u>, die ablaufen oder abgelaufen sind. Reagieren die Menschen in anderen Kulturen mit anderen Assoziationen, so ist dies ein Ausdruck der Tatsache, daß Menschen in verschiedenen Kulturen mit gleichen Dingen systematisch Verschiedenes verbinden (vgl. Assoziationswörter S. 14).

Solche unterschiedlichen Assoziationen müssen aber nicht zwangsläufig zu Kommunikationsproblemen zwischen Angehörigen verschiedener Kulturen führen. Bei der Beschreibung von Vögeln z. B., die in Scharen über den Himmel ziehen, assoziieren deutsche Leser vielleicht Wörter wie *lieblich, Freiheit, Gesang, Gezwitscher, Nest;* sie könnten einen Deutschen zu dem Ausruf verleiten: *„Ah, die vielen Vögel dort oben, am liebsten würde ich mitfliegen!"*. Bei einem Italiener aber könnten die Zugvögel die Reaktion *„Schade, daß ich mein Gewehr nicht hier habe, sonst hätten wir heute abend Vogelspieße essen können, hmmm!"* auslösen. Unterschiedliche Reaktionen sind also möglich: Manche Deutschen verstehen nicht, wie man so grausam sein kann, Singvögel zu töten, und manchen Italienern ist unverständlich, wie man so dumm sein kann, diese Leckerbissen vorüberziehen zu lassen. Ein Autor findet es möglicherweise sogar interessant, wie seine Texte bei fremdsprachigen Lesern andere Interpretationen hervorrufen. Wenn unterschiedliche Assoziationen jedoch nicht nur „in den Köpfen" verbleiben, sondern auch das Handeln beeinflussen und vielleicht zu Konflikten führen können, müssen die kulturellen Unterschiede bewußtgemacht werden, die in diesen unterschiedlichen Assoziationen zum Ausdruck kommen.

Wortassoziationen sind also nicht nur unverbindliche Unterschiede, die man in den Köpfen findet; sie gründen sich vielmehr auf <u>unterschiedliche gesellschaftliche Erfahrungen, Gewohnheiten</u> und – besonders wichtig – <u>Bewertungen</u>. In der alltäglichen Interaktion* können solche unterschiedlichen Begriffsbildungen zu Kommunikationsproblemen führen, wenn die Kommunikationspartner aus verschiedenen Kulturen stammen. Diese können wir uns nämlich auch als verschieden strukturierte Bedeutungs-Netzwerke vorstellen, die immer auch Bewertungen enthalten. Auf die Konsequenzen dieser Unterschiede kommen wir in dieser Studieneinheit ständig zurück. An dieser

Stelle möchten wir nur vorläufig festhalten, daß Wortassoziationen kulturspezifisch sind. Sie spiegeln historische Prozesse wider und enthalten landeskundliche Informationen, die man berücksichtigen muß, wenn man eine fremde Sprache erlernt.

1.3 Vorstellungen „hinter" den Wörtern – Erklärungen der Prototypen-Semantik

In Prokofjews Stück *Peter und der Wolf* entsteht folgender Dialog zwischen einem Vogel und einer Ente:

Beispiel 8

> „Als er die Ente sah, flog der kleine Vogel herunter ins Gras, ganz nah an sie heran, und zog die Schultern hoch:
> ,Was bist du nur für ein Vogel, wenn du nicht fliegen kannst?', sagte er.
> Worauf die Ente erwiderte:
> ,Was bist du nur für ein Vogel, wenn du nicht schwimmen kannst?' und ließ sich ins Wasser plumpsen."

Prokofjew (1985), 8

Diese „Argumentation" zeigt, daß wir mit dem Begriff *Vogel* bestimmte Eigenschaften verbinden. Das gilt auch für andere Konkreta wie z. B. *Hund*, für Handlungen wie *essen, grüßen* etc. oder für Abstrakta, d. h. Vorstellungen über Begriffe wie *nett, Freiheit, elegant, aggressiv, Toleranz* etc.

wissenschaftliche Erklärung

Forschungsergebnisse lassen vermuten, daß Vorstellungen von einem Begriff – nennen wir ihn X – nicht unbedingt unkonkrete, abstrahierte Vorstellungen sein müssen. Das heißt, diese müssen keine neutralen Gebilde sein, etwa solche, die die wichtigsten Eigenschaften aller $X_1 - X_n$ zusammenfassen. Experimente von Rosch (1975) zeigen beispielsweise, daß US-Amerikaner als Abstraktum, als Prototyp* X für alle Vogelarten (*birds*) den *Spatz (sparrow)* benutzen. *Sparrow* scheint diejenigen Charakteristika, die die amerikanischen Testpersonen für „vogelhaft" halten, am besten zu verkörpern. Anstatt eines abstrakten Gebildes X wird also ein Unterbegriff, ein häufig beobachtetes Teil aus $X_1 - X_n$, hier also der *Spatz*, zum Kriterium dafür, was *Vogel* und was *Nicht-Vogel*, was ein mehr und was ein weniger typischer Vogel ist.

Rosch hat damit für US-Amerikaner den *Spatz* als Prototyp von Vogel bestimmt.

Aufgabe 5

> *Bilden Sie Ranglisten: Was ist für Sie am deutlichsten ein „Haus" und was am wenigsten? Legen Sie eine persönliche Rangfolge (von 1–12) fest. Vergleichen Sie diese mit den Rangfolgen Ihrer Kolleginnen und Kollegen.*
>
> | | | |
> |---|---|---|
> | _____ *Hochhaus* | | _____ *Ferienhaus* |
> | _____ *Bungalow* | | _____ *Villa* |
> | _____ *Opernhaus* | | _____ *Hotel* |
> | _____ *Reihenhaus* | | _____ *Einfamilienhaus* |
> | _____ *Rathaus* | | _____ *Jugendzentrum* |
> | _____ *Hütte* | | _____ *Museum* |

Man könnte jetzt fragen, ob Ihre Nr. 1, also das in Ihren Augen typische Haus, auch ein Modell (Prototyp) für die Gliederung der Vorstellungen zu den anderen Begriffen ist.

Weitere Experimente können sicherlich leicht bestätigen, daß nicht nur ganz bestimmte Vögel oder Hunderassen, sondern auch bestimmte Arten des *Essens*, des *Grüßens* wie auch bestimmte Arten des *Nettseins*, der *Freiheit*, der *Eleganz*, der *Aggressivität* als „typischer" angesehen werden als andere. Es ist zu vermuten, daß beispielsweise die *Ente* ein weniger typischer *Vogel* als der *Spatz* ist, daß ein *Kühlschrank* ein weniger typisches *Möbel* als *Tisch, Bücher schreiben* eine weniger typische *Arbeit* als *ein Haus bauen* und *xenophil* (sehr fremdenfreundlich) ein weniger typischer Charakter als *autoritär* ist.

Diese Ausdrucksweise, ein X_1 (*Ente*) sei weniger X (*Vogel*) als ein X_2 (*Meise*), ist innerhalb jeder Kultur festzustellen und beschreibt auch die Erfahrungen vieler Menschen. Diese Vorstellungen unterscheiden sich oft sehr stark von einer Kultur zur anderen.

Wenn es richtig ist, daß wir für den Oberbegriff *Vogel* keine abstrakte Vorstellung herausbilden, sondern einen <u>konkreten Unterbegriff</u> zur Klassifikation der vogel-ähnlichen Tiere benutzen, hat das sehr weitreichende Konsequenzen dafür, was Bedeutung ist und wie man mit ihr umgeht.

Für die <u>Koordination</u> (Nebenordnung) von Begriffen und für die <u>Subordination</u> unter einen Oberbegriff (Superordination*) würde dies beispielsweise bedeuten, daß die koordinierten Begriffe *Salz + Pfeffer + Senf* nicht gleichwertig sind in bezug auf den Oberbegriff *Gewürz*, also nicht nebengeordnet stehen; vielmehr ist ein Gewürz typischer als die anderen: *Pfeffer* > Salz > *Senf*. (Die Frage, welches dieser oder anderer Gewürze das „typische" ist, muß durch empirische Befragungen geklärt werden).

Konsequenz 1

Bei subordinierten Begriffen enthält nicht der abstrakte Begriff *vergnüglich* die Charakteristika, anhand derer man *vergnüglich* von *nicht-vergnüglich* unterscheiden kann, sondern man macht sich eine konkrete Vorstellung von Vergnüglichem (z. B. vergnügliches Beisammensein mit guten Freunden in der Kneipe), und diese Vorstellung wird dann zum Prototyp von *vergnüglich*. Mit diesem Prototyp (der hier nur ein Beispiel darstellt) aus der konkreten Erfahrung und Anschauung klassifiziert und bewertet man dann die anderen Begriffe.

Konsequenz 2

Die wichtigste Konsequenz ist vielleicht die, daß <u>verschiedene Kulturen verschiedene Prototypen</u> als Maßstab des Erkennens und Bewertens von Dingen heranziehen. So wird in einem afrikanischen Land sicherlich nicht ein Vogel wie ein *Spatz* die „Vogelhaftigkeit" am besten repräsentieren, sondern ein anderer häufiger oder/und wichtiger Vogel. Gäbe es Experimente zu diesem interkulturellen Aspekt, so würde man sicherlich feststellen können, daß auch die Funktion eines Gegenstandes eine sehr wichtige Rolle bei der Klassifizierung spielt. Die für eine Gesellschaft wichtigen Eigenschaften (ein X [Stier/eine Kuh] wird z. B. aus religiösen Gründen sehr verehrt) oder nützliche Eigenschaften (ein X [Bier] wird gern getrunken) beeinflussen sicherlich die Wahl des Prototyps und damit die Ordnung der Unterbegriffe. Und damit sind diese Gegenstände auch dem historischen Wandel unterworfen: Ein *Jeep* war noch Anfang der siebziger Jahre sehr weit vom deutschen Prototyp für *Auto* entfernt, heute hat er sich stark angenähert. Eine *Jeans* kam erst Ende der fünfziger Jahre langsam in Mode und stellt bei Jugendlichen heutzutage möglicherweise den Prototyp für *Hose* dar. *Ins Restaurant essen gehen* war bis zur Wende in Ostdeutschland sicherlich kein allzu typischer Ausdruck für *Geselligkeit mit Freunden* und wird dies vielleicht erst langsam werden.

Konsequenz 3

Als letzte Folgerung aus den Konsequenzen 1–3 ergibt sich, daß die Begriffe zwischen unterschiedlichen Kulturen nur wenig übereinstimmen. Was in der einen Kultur ein typisches *Auto* ist, ist in der anderen ein typisches *Außenseitergefährt*, was in der einen Kultur als typisch für *Glück* angesehen wird, ist in einer anderen eher ein Symbol der *Indifferenz* oder *Trauer*. Oder: Handlungen, die in der einen Kultur als Inbegriff von *höflich* gelten, werden in einer anderen eher als *verletzend* angesehen. Wenn dies sehr abstrakt klingt, kann man sich gängige interkulturelle Situationen vor Augen führen, die (erst) durch diese Erkenntnisse erklärbar sind:

> Ein deutscher Tourist kommt aus dem Ausland zurück: „Das war keine Landepiste, wo wir mit unserem Flugzeug aufgesetzt haben, sondern der reinste Acker. Und das Flughafengebäude!? Eine Baracke war das. Und Essen kannste das auch nicht nennen, was es da gab: Lauter scharfes Zeug mit viel Reis!"

<u>Beispiel 9</u>

Der Tourist wehrt sich innerlich gegen die ständige Nichtübereinstimmung zwischen dem, was er an den Begriffen als Standard (Prototyp) anzusehen gewohnt ist und dem, was er vorfindet. Er drückt also in sehr abwertender Weise aus, daß er mit den Begriffen *Landepiste, Flughafengebäude* und *Essen* ganz bestimmte kulturgebundene Vorstellungen verbindet, die kulturneutral-abstrakte Definitionen von *Landepiste* als *Rollbahn zum Starten und Landen von Flugzeugen,* von *Flughafengebäude* als *Ort zum Abfertigen von Flugpassagieren und -gepäck* oder *Essen* als *Aufnahme von Nahrung* überlagern.

1.4 Didaktische Konsequenzen

Bereits aus den Versuchen und den Argumenten des ersten Kapitels können erste didaktische Konsequenzen abgeleitet werden.

In der Wortschatzdidaktik fordert man schon lange, Wörter nur <u>im Zusammenhang zu präsentieren</u>. Die Darstellung der verschiedenen Zusammenhänge von Wörtern im Gehirn läßt einmal den allgemeinen Schluß zu, daß immer <u>verschiedene Arten von Zusammenhängen</u> von Wörtern didaktisch praktiziert werden sollten. Konkret heißt dies, daß nicht nur mit sogenannten „Wortfamilien*" gearbeitet werden sollte, die von der Wortform her bestimmt sind, wie z. B. *Vater – Vaterland – Vaterschaft – Doktorvater – väterlich – Vater Unser* etc. oder: *Mauer – Mauerblümchen – vermauern – Berliner Mauer – Mauerreste* ...

Es empfiehlt sich vielmehr, auch andere Methoden der Wortschatzarbeit im Unterricht einzusetzen, um die kognitive Vernetzung der Wörter auch beim Lernen angemessen zu berücksichtigen.

Folgende Methoden haben sich bewährt:

Methode 1

Eine der einfachsten Methoden zur Bestimmung der Bedeutung ist das Assoziogramm*. In Handbüchern für den Deutschunterricht findet man an vielen Stellen den Aufgabentyp, Lernende Assoziationen finden zu lassen: *Was fällt euch ein, wenn ihr „Schule" hört?*

Diese Methode ist inzwischen erweitert und differenziert worden. So möchte Piepho (1980) durch Assoziationen „Bezugsbündel" an die Tafel bzw. auf die Folie für den Tageslichtprojektor bringen.

Beispiel 10

Dörfer   weg   weit   Koffer
Kühe
Felder   Tasche
winken   Schlafsack
Fensterplatz   Diesellok   Winter   Skilauf   Bahnstation
Platz   Wagen   Vater   Bahnhof
Speisewagen   Uhr   Mutter   Großmutter
Schlafwagen   Eisenbahn   Eltern   Sommerhaus
      pünktlich   verreisen   Karte
langweilig   trinken
vorne   Schaffner   Ferien
hinten   essen
aussteigen   Fahrkarte   Zeitung   Comics   Sommer
einsteigen   fahren
halten   reisen
   gucken   Fenster   sitzen   D-Zug

Der Lehrer kann jedes Stichwort kommentieren und hat damit die Gelegenheit, das eine oder das andere Wort zu nennen, das in der Gruppe lediglich im Wiedererkennungsgedächtnis ist oder das spontan verstanden wird.

Piepho (1980), 168

18

Beispiele:

Schüler:	Wegfahren.	Lehrer:	Aha, du möchtest in den Ferien wegfahren. Wohin denn?
Schüler:	Zu meiner Oma.	Lehrer:	Deinen Hund nimmst du auch mit?
Schüler:	Ja.		
Schüler:	Trinken.	Lehrer:	Auf dem Weg, also unterwegs, möchtest du etwas trinken. Fanta?
Schüler:	Was ist das?	Lehrer:	Eine Limonade.
Schüler:	Bahnhof.	Lehrer:	Da mußt du aber pünktlich da sein. Sonst ist der Zug weg.
Schüler:	Karte.	Lehrer:	Ohne Fahrkarte geht es nicht. Schwarzfahren gibt's nicht. Aber kauf lieber 'ne Rückfahrkarte. Das ist billiger.
Schüler:	Halten.	Lehrer:	Was, mitten auf der Strecke. Da hat jemand die Notbremse gezogen.

Piepho (1980), 168f.

Der lehrergesteuerte Dialog dient bei Piepho dem Ziel, den Wortschatz im Kontext eines kommunikativen Unterrichts zu erweitern. Piepho deutet aber auch an, wie man als Lehrer Assoziationen gezielt landeskundlich kommentieren kann. So erweitert der Lehrer in unserem Beispiel den Begriff *Bahnhof* mit landeskundlichen Informationen und stellt Bezüge zu Nachbarbegriffen her: In Deutschland fahren die Züge im allgemeinen auf die Minute *pünktlich*; *Schwarzfahren* bedeutet *ohne Fahrkarte fahren, auf der Strecke halten* bedeutet *jemand hat die Notbremse gezogen* etc. Ziel dieses Übungsdialogs ist natürlich nicht das freie Assoziieren, sondern die Einbettung in reale Zusammenhänge. Assoziieren allein führt nach unserer Erfahrung zu oft dazu, daß Lernende beliebig Wörter in den Raum stellen, die der Lehrende dann nach seinen Kriterien ordnet. Wie wir in diesem Kapitel gesehen haben, sind Bedeutungsnetze vielschichtig, doch nicht beliebig.

Zur Illustration von Bedeutungsunterschieden kann man folgende Aufgabe stellen:

Methode 2

a) an Muttersprachler:

Aufgabe 6

Notieren Sie Ihre spontanen Assoziationen zu den Wörtern „Vater", „Sonntag", „Café", „Familie", „Höflichkeit" und „Freizeit".

deutscher Ausdruck	**Assoziationen**
Vater	_____
Sonntag	_____
Café	_____
Familie	_____
Höflichkeit	_____
Freizeit	_____

b) an Deutschlernende:

Übersetzen Sie Wörter wie „Vater", „Sonntag", „Café", „Familie", „Höflichkeit", „Freizeit", … in Ihre Muttersprache. Decken Sie die deutschen Wörter ab, und schreiben Sie dann zu den Wörtern Ihrer Muttersprache ganz spontane Assoziationen auf, oder holen Sie diese von anderen ein.

deutscher Ausdruck	Übersetzung	Assoziationen
Vater	_____	_____
Sonntag	_____	_____
Café	_____	_____
Familie	_____	_____
Höflichkeit	_____	_____
Freizeit	_____	_____

Erwartet wird natürlich, daß sich die Assoziationen der deutschen und fremdsprachigen Personen unterscheiden. Sind die Assoziationswörter sehr unterschiedlich, kann man daraus Hypothesen über Kulturunterschiede formulieren.

Methode 3

Beispielsweise wird im Lehrwerk *Sichtwechsel* (Hog u. a. 1983) mit folgender Aufgabe darauf aufmerksam gemacht, daß Wörter nicht nur über die Wortformen (ähnlicher Stamm etc.) miteinander in Zusammenhang stehen, sondern auch durch ihre Bezüge auf Wirklichkeitskomplexe.

Beispiel 11

Begriffe stehen immer in mehreren Zusammenhängen. Man kann z. B. *gesund leben* und dabei *viel* oder *wenig Geld ausgeben.*

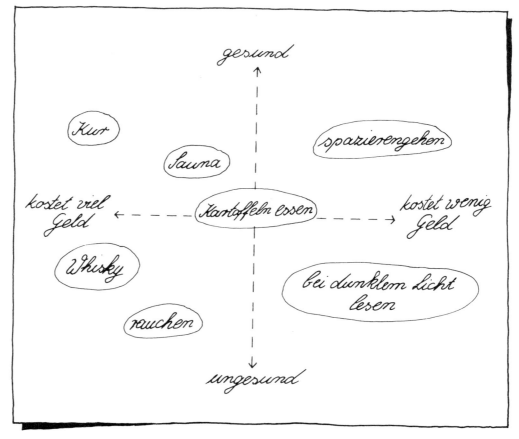

Hog u. a. (1983), 81

Wählen Sie aus dem abgebildeten Oppositionsstrauß einige Gegensätze aus, und versuchen Sie, zu selbstgewählten Begriffen ein ähnliches Bild zu entwerfen wie in Beispiel 11.

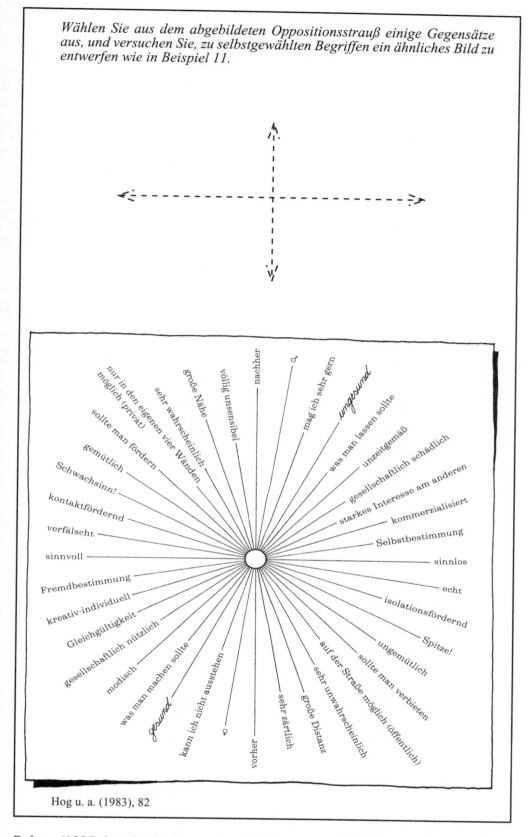

Hog u. a. (1983), 82

Rohrer (1985) hat deutlich gemacht, daß aus gedächtnispsychologischen Gründen Wörter in Bedeutungssystemen dargeboten werden sollen, die die genannten Kriterien der Koordination, der Subordination etc. erfüllen.

Methode 4

„Überordnung, Nebenordnung und Unterordnung sind Operationen des taxonomischen Denkens, die wir beim Klassifizieren anwenden. Klassifizieren ist ein besonderes Ordnungsverfahren, das uns hilft, zu erkennen, zu verstehen und zu behalten."

Rohrer (1985), 40

Durch Überordnung und Nebenordnung werden Abstraktionsleitern gebildet.

Beispiel 12

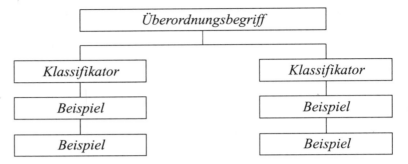

Aufgabe 8

Bitte füllen Sie die folgenden Bedeutungssysteme – dargestellt nach Rohrer (1985) – aus:

a) Wir haben Ihnen den Überordnungsbegriff vorgegeben. Unter den Kästen finden Sie die Klassifikatoren und die Beispiele. Tragen Sie die Klassifikatoren und die Beispiele in die vorgegebenen Kästen ein. Streichen Sie die sieben Begriffe, die nicht passen.

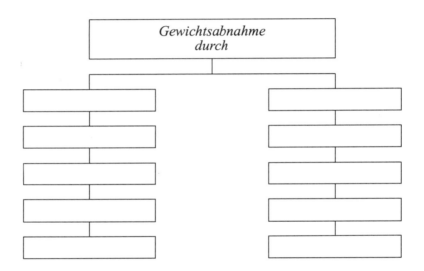

1) Schinken 2) Bier 3) Abmagerungskost 4) Dauerlauf 5) schlafen 6) Spinat 7) Bewegung 8) Magermilch 9) schwimmen 10) Nüsse 11) Hering 12) Spargel 13) tanzen 14) schlendern 15) Aerobic 16) Mineralwasser 17) Bratkartoffeln

b) Wir haben Ihnen den Überordnungsbegriff vorgegeben. Suchen Sie selbst Klassifikatoren und Beispiele zu den Klassifikatoren.

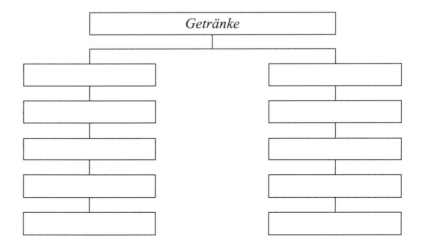

c) *Wir haben Ihnen die* <u>*Klassifikatoren*</u> *vorgegeben. Unter den Kästen finden Sie den Überordnungsbegriff und die Beispiele. Tragen Sie den Überordnungsbegriff und die Beispiele in die vorgegebenen Kästen ein. Streichen Sie die beiden Begriffe, die nicht passen.*

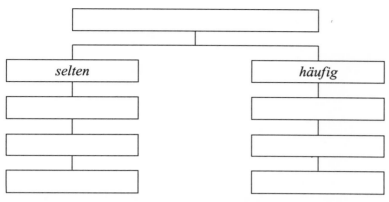

1) *Platin* 2) *Legierungen* 3) *Eisen* 4) *Mineralien* 5) *Gold* 6) *Silber*
7) *Kupfer* 8) *Metalle* 9) *Blei*

d) *Wir haben Ihnen die* <u>*Klassifikatoren*</u> *vorgegeben. Suchen Sie einen sinnvollen Überordnungsbegriff und Beispiele zu den Klassifikatoren.*

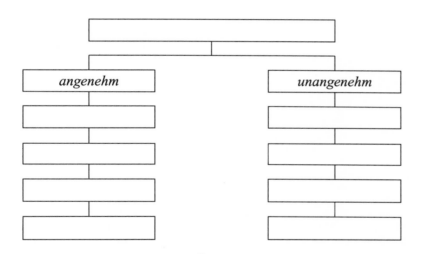

e) *Wir haben Ihnen die* <u>*Beispiele*</u> *vorgegeben. Suchen Sie den Überordnungsbegriff und die Klassifikatoren. Welche Begriffe passen nicht?*

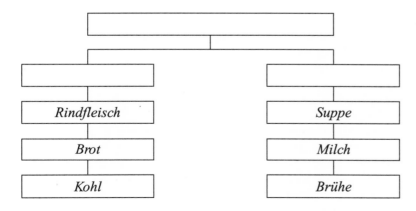

1) *Fleisch* 2) *weich* 3) *flüssig* 4) *Nahrung* 5) *Gemüse* 6) *zäh* 7) *fest*

*f) Wir haben Ihnen die <u>Beispiele</u> vorgegeben. Suchen Sie die Klassifika-
toren und den Überordnungsbegriff.*

Liebe	Feindseligkeit
Mitleid	Eifersucht
Sympathie	Haß

*g) Unter den Kästen finden Sie den <u>Überordnungsbegriff</u>, die <u>Klassifika-
toren</u> und die <u>Beispiele</u>. Tragen Sie sie an die richtige Stelle in den
Kästchen ein.*

*1) Würdigung 2) Abhängigkeit 3) Motivatoren 4) Mißtrauen 5) Moti-
vation 6) Gleichgültigkeit 7) Führung 8) Demotivatoren 9) Respekt
10) Verachtung 11) Vertrauen*

Aufgabe 9

*Vergleichen und diskutieren Sie Ihre Einträge. Besonders sollten Sie sich
mit den Gründen für unterschiedliche Überordnungsbegriffe und
Klassifikatoren beschäftigen.*

Zusammenfassend sollte betont werden, daß die in Aufgabe 8 aufgeführten Abstrak-
tionsleitern natürlich auch verschiedene individuelle Erfahrungen und Einstellungen
innerhalb einer Gesellschaft dokumentieren. Hieraus ergibt sich sofort die Frage, ob
begriffliche Unterschiede innerhalb einer Kultur den Differenzen zwischen zwei
Kulturen gleichgesetzt werden können oder ob es sich bei den Unterschieden zwischen
Fremdem und Eigenem um eine neue Qualität handelt. Diese Frage ist sicherlich eine
Diskussion wert; ihre Beantwortung hängt jedoch vor allem von der Definition von
Kultur ab.

1.5 Zusammenfassung

In Kapitel 1 ging es vor allem um den groben Rahmen einer landeskundlich orientierten Wortschatzdidaktik. Vor allem einige Ergebnisse psycholinguistischer Untersuchungen sollten zeigen, wie Wörter mit Vorstellungen und Begriffen verbunden werden, die in vielfältiger Weise die Gesellschaft und Kultur eines Landes widerspiegeln. Dies erklärt Probleme interkultureller Kommunikation: Kommunikationsteilnehmer verbinden mit gleichen Wörtern nicht immer gleiche Inhalte, sondern manchmal nur ähnliche oder auch sehr verschiedene. Die Aufgabe einer landeskundlich orientierten Wortschatzdidaktik besteht deshalb darin, solche Bedeutungsunterschiede transparent zu machen. Darüber hinaus sollen den Lernenden Strategien aufgezeigt werden, wie sie beim Lernen und im direkten Kontakt mit Deutschen unterschiedliche Konzepte erkennen, begründen und konstruktiv mit ihnen umgehen können.

2 Wortbedeutung – Begriff – Landeskunde

Überblick

Im ersten Kapitel wurde gezeigt, wie vielfältig die Beziehungen der Wörter im Gedächtnis der Sprachbenutzer sind. Es wurde angedeutet, daß die Vernetzung der Wörter in unserem Kopf mit landeskundlichen Faktoren zu tun haben muß, genauer: mit ökonomischen, historischen, ideologischen, sozialen oder auch alltäglichen, gewohnheitsmäßigen Gegebenheiten in einer Gesellschaft. Daraus ergab sich die wichtige Erkenntnis, daß der Zusammenhalt des Wortschatzes weniger auf Eigenschaften der Wortformen, des Ausdruckssystems beruht als vielmehr auf den „hinter ihnen verborgenen" Begriffen. In diesem Kapitel geht es nun vorrangig um diese begrifflichen Vorstellungen hinter den Wörtern. Dazu ist es erforderlich, verschiedene Ebenen von Bedeutungen zu unterscheiden, denn Wortbedeutungen sollen hier nicht beliebig als Kompositum, auflösbar in *Bedeutung des Wortes* oder *Bedeutung der Wörter* verstanden werden. Vielmehr soll *Wortbedeutung* im engeren Sinn (s. 2.1) für unseren Gebrauch definiert und dann von *Begriff* (s. 2.2) als Bedeutung im weiteren Sinn abgegrenzt werden.

2.1 Denotative Wortbedeutung – Bedeutung im engeren Sinn

Definition

Unter der denotativen* Wortbedeutung verstehen wir die Bedeutung, die sich auf ein <u>Denotat</u>*, d. h. einen Gegenstand unserer Wirklichkeit (Erscheinung, Beziehung, Eigenschaft) bezieht. Sie erfaßt dessen konkrete Merkmale und ist relativ kulturneutral. Denotative Bedeutungsbeschreibungen orientieren sich beispielsweise am Äußerlichen (figuraler Aspekt), an zeitlichen Beziehungen (temporaler Aspekt) oder an Zusammenhängen in der Natur (biologischer Aspekt). Nehmen wir als Beispiel das Wort *Tisch*. Im *Deutschen Wörterbuch* von Wahrig (1986) lesen wir dazu:

Beispiel 13

> **Tisch** ⟨m. 1⟩ **1** *Möbelstück aus waagerechter Platte auf einem oder mehreren Beinen* (Eß ∼, Schreib ∼) **2** *der* ∼ *des* **Herrn** *der Altar* **3** den ∼ **decken**, abdecken; sich einen ∼ (im Restaurant) **reservieren** lassen **4** *grüner* ∼ *Sinnbild des Bürokratismus, des verwalterischen Denkens ohne Berücksichtigung der Tatsachen* [nach der grünen Filzdecke auf Verhandlungstischen]; *etwas vom grünen* ∼ *aus anordnen bürokratisch, ohne die Tatsachen zu kennen od. zu berücksichtigen;*

Wahrig (1986), 1279

Problematisierung

Es werden also keine Hinweise auf mögliche Unterschiede im Gebrauch dieses Gegenstandes in verschiedenen Kulturen gegeben. Somit ist auch die häufig angetroffene Einstellung von Fremdsprachenlernern konsequent: „Ein Tisch ist ein Tisch, aber (!) die Engländer sagen *table* dazu". *Tisch* ist in dieser Aussage nur der Verweis auf einen Gegenstand, auf eine Platte mit Bein(en). Ähnliche Aussagen finden sich in Wörterbüchern. So verweist das Wort *Familie* auf „Eltern und Kinder" (Wahrig 1986, 455) oder das Wort *Sonntag* auf einen bestimmten Wochentag, auf den „letzten Tag der Woche" (Wahrig 1986, 1192) oder auf den „siebten Tag der mit Montag beginnenden Woche" (Duden/DUW 1989, 1419).

Diese Bestimmungen der Wortbedeutung sind für ausländische Deutschlerner nur in einem Punkt informativ: Sie können an ihnen erkennen, um welches Ding, um welchen Gegenstand es sich handelt. Solche Wortbedeutungen helfen, Gegenstände mit äußeren Merkmalen zu identifizieren. Was an *Sonntag, Familie* oder auch *Tisch* jedoch landeskundlich spezifisch, also anders als im Heimatland ist, wird nicht gesagt. Es wird auch nicht auf die Möglichkeiten hingewiesen, daß die weiteren Bedeutungsinhalte kulturspezifisch jeweils anders sein können. Meist bleiben im Deutschunterricht diese objektgerichteten, wörtlichen oder definitorischen Bedeutungen vorherrschend. Man geht also von einer Welt von Objekten aus, die gleiche oder sehr ähnliche Bedeutungen haben und lediglich in verschiedenen Sprachen unterschiedlich benannt werden. Deshalb brauchen die Bedeutungen selbst nicht erklärt zu werden; es werden nur die Objekte und ihre neuen fremdsprachlichen Bezeichnungen verbunden:

- *car* (engl.) $\left\{ \begin{array}{l} \text{ist} \\ \text{heißt} \end{array} \right\}$ im Deutschen *Auto* oder *Wagen*.

- *car* (franz.) $\left\{ \begin{array}{l} \text{ist} \\ \text{heißt} \end{array} \right\}$ im Deutschen *Bus*.

Umschreibt man diese Erklärungen, so müßten sie folgendermaßen lauten:

- *car* (engl.) bezieht sich auf einen Gegenstand, den man im Deutschen als *Auto* oder auch *Wagen* bezeichnet.

- *car* (franz.) bezieht sich auf einen Gegenstand, den man im Deutschen *Bus* nennt.

Aufgabe 10

a) *Umschreiben Sie in ähnlicher Form die folgenden Erklärungen von Wortbedeutungen:*

- *„Mercado" (portugies.) heißt auf deutsch „Markt".*

    _____

- *„Café/Bar" (franz.) ist im Deutschen das „Café".*

    _____

- *„Restaurant" (franz.) heißt im Deutschen auch „Restaurant".*

    _____

- *„Familia" (span.) heißt bei uns ganz ähnlich: „Familie".*

    _____

- *Zu „mountain bike" (amerik.) sagen wir auch „Mountainbike", weil wir dafür kein passendes Wort im Deutschen haben.*

    _____

- *„Libertad" (span.) ist ein Gefühl, das wir „Freiheit" nennen.*

    _____

b) *Nennen Sie Wörter aus Ihrer Muttersprache, und geben Sie deren denotative Bedeutung an.*

_____

_____

_____

_____

_____

_____

Die oben aufgeführten Erklärungen der Wortbedeutungen legen nahe, daß die Welt der Objekte wie auch die Welt der Vorstellungen als gleich, übernational angesehen wird und daß lediglich die Bezeichnungen anders sind. Ein weitverbreitetes Wörterbuch für Kinder unterstützt solche Einstellungen, die den Blick auf begriffliche Unterschiede verstellen:

Der Bär sitzt ganz gerade auf seinem Stuhl.
The bear sits straight up in his chair.
L'ours se tient droit sur sa chaise.

Er ist sehr hungrig. Dies alles ißt er:
He is very hungry. This is what he eats:
Il a grand-faim. Voici ce qu'il mange:

Obstsaft
fruit juice
jus de fruit

Haferbrei mit Rahm
porridge with cream
bouillie d'avoine avec
de la crème fraîche

Den Toaströster
ißt er nicht.
*He doesn't eat
the toaster.*
Il ne mange pas
le grille-pain.

Pfannkuchen
pancakes
des crêpes

mit Butter und Sirup
with butter and syrup
avec du beurre et de la mélasse

Spiegeleier
fried eggs
des oeufs sur le plat

Speck
bacon
lard

Toast
toast
des toasts

Muffins (englisches Teegebäck)
muffins
des muffins (petit pain anglais)

Honig
honey
miel

Marmelade
jam
confiture

Kakao
cocoa
cacao

kalte Milch und eine Waffel
cool milk and a waffle
du lait froid et une gaufre

Wenn er mit dem Frühstück fertig ist, hilft er seiner Mutter beim Abspülen.
When he has finished eating breakfast he helps his mother to wash and dry the dishes.
Quand il a terminé son petit déjeuner, il aide sa mère à faire la vaisselle.

eine Tasse
a cup
une tasse

eine Untertasse
a saucer
une soucoupe

ein Teller
a plate
une assiette

die Schüssel
the bowl
le bol

die Gabel
the fork
la fourchette

das Messer
the knife
le couteau

der Löffel
the spoon
la cuiller

das Glas
the glass
le verre

der Deckel
the lid
le couvercle

das Einmachglas
the jar
le bocal à conserves

der Krug
the jug
la cruche

eine Bratpfanne
a frying pan
une poêle à frire

der Topf
the pot
le pot

der Tiegel
the pan
la casserole

die Flasche
the bottle
la bouteille

die Saftpresse
the juice squeezer
le presse-citron

das Glas
the glass
le verre

Jetzt kann er mit seinen Freunden spielen.
Now he is ready to play with his friends.
Maintenant, il peut jouer avec ses amis.

Scarry (1992), 7

Wortbedeutungen in diesem engeren Sinn haben demnach einen _definitorischen_, d. h. auf ein Objekt verweisenden Charakter. In Erklärungen haben solche Wortbedeutungen nur die Funktion, in einem ersten Schritt den Lernenden anzuzeigen, um welchen Objektbereich es sich handelt oder was überhaupt erklärt werden soll. Wenn die Objektbereiche unterschiedlich sind, wie z. B. bei franz. _bungalow_, das sich auf eine provisorische Behausung, auf ein „besseres" Gartenhaus bezieht, und deutsch _Bungalow_, das in Westdeutschland ein elegantes Wohnhaus darstellt, hat eine definitorische Vorklärung auch ihren Sinn. Lernende können sich den gemeinten Gegenstand zunächst einmal bildlich vorstellen. Ähnliches gilt für _Familie_, die für Deutsche aus zwei Generationen besteht: Vater, Mutter, und – statistisch gesehen – 1,4 Kindern, in anderen Ländern aber eine andere Personengruppe umfaßt. Dieses „Erklären" nennen wir daher lieber _Identifizieren_. Lernende wissen nach solchen identifizierenden Erklärungen (z. B. _Sonntag_ ist der siebte Tag in der Woche) im groben, worum es geht, welcher Erklärungsgegenstand gemeint ist. Weitere Erklärungen über die Funktion des Denotats in verschiedenen gesellschaftlichen Kontexten müssen in den meisten Fällen nachfolgen. Offen bleiben daher die Fragen, ob Deutschlerner mit diesen definitorischen Bedeutungen (_Autos_ sind mit einem Motor getriebene, sich frei bewegende Fahrzeuge) zufrieden sind und ob diese Informationen ausreichen, um sich in einem fremden Land zurechtzufinden. Im nächsten Abschnitt wenden wir uns diesen Fragen zu. Es geht dort um die Bedeutungen im weiteren Sinn, d. h. um die begrifflichen Vorstellungen und damit um die landeskundlich interessanten Aspekte der Wörter.

2.2 Begriffe – Bedeutungen im weiteren Sinn

Es ist bekannt, daß es in Deutschland bestimmte „typische" Wörter gibt, die sich schwer übersetzen lassen, z. B. _Gemütlichkeit, Ordnung, Freiheit, Hundeliebe_ oder _Umweltbewußtsein_. Aber alle, die nach Deutschland kommen und nicht nur als Touristen Land und Leute anschauen, werden feststellen, daß es noch viele andere Vorstellungen darüber gibt, was „spezifisch" oder „typisch" deutsch ist. So zeigen empirische Erhebungen, daß Ausländern viele kleine Dinge des Alltags auffallen, die aus ihrer Perspektive anders sind:

> „Für die Deutschen ist es schon etwas Besonderes, im Restaurant zu essen, anläßlich der Hochzeit oder irgendwelcher Jubiläen." (Japanerin)

> „In Deutschland wird sehr schnell gegessen. Nur gegessen. In Griechenland genießen wir das Essen mehr. Das Essen ist (in Deutschland) wie eine Pflicht." (Griechin)

> „Japanisches Essen ist ästhetischer. Wir essen nicht nur mit dem Mund, sondern auch mit den Augen." (Japanerin)

> „Hier ist es so extrem. Zum Beispiel Essen. Deutsche Kuchen sind so süß, und die Suppe in der Mensa so extrem salzig. Alles ist hier so extrem." (Japaner)

> „Wie können die Deutschen nur so werden, obwohl sie nicht so viel essen? Also manchmal die Körper der Deutschen sind größer als unsere, trotzdem essen sie nicht so viel in meinen Augen." (Japaner)

> „In Deutschland ist man beim Einkaufen viel sparsamer, und das gilt nicht nur für Studenten, sondern auch für Familien. In Griechenland wird unabhängig vom sozialen Status viel mehr Geld im Verhältnis zum Einkommen für Essen ausgegeben." (Grieche)

> „Die Gewohnheit, einfach zu trinken, ist bei Griechen unbekannt." (Grieche)

> „Durst mit Bier zu löschen hat mir Eindruck gemacht." (Grieche)

> „Im Vergleich zum japanischen Essen ist das deutsche oder überhaupt das europäische Essen viel fettiger. Es wird meistens mit Fett gekocht. Und auch etwas Frisches ißt man nicht so viel, im Vergleich zu Japan. Bei uns kocht man meistens sehr kurz und (...) mehr Fisch." (Japaner)

> „Hier in Deutschland trinkt man besonders Bier, das ist das klassische Getränk für die Deutschen. Hier trinkt man nur zum Feiern Wein. Bier trinkt man jeden Tag." (Griechin)

> „Ich glaube, die Amerikaner gehen 3 – 5 mal in der Woche essen. Das kann aber auch Junk-food wie McDonald's sein. Wenn ein Deutscher essen geht, geht er einmal in 14 Tagen oder einmal pro Woche richtig essen in einem Restaurant." (US-Amerikaner)

„In der europäischen Eßgewohnheit muß man nach der Reihe essen: erst Suppe, dann Hauptgericht, dann Nachtisch …" (Japaner)

„Vielleicht gehört Bier in Deutschland überhaupt nicht zu Alkohol." (Japanerin)

Ludwig- Uhland-Institut (1986), 34ff.

Aufgabe 11

In den Zitatbeispielen äußern sich Japaner, Griechen und Amerikaner über Eßgewohnheiten der Deutschen. Welche Assoziationen haben Sie, wenn Sie „deutsches Essen" hören?

Kommentar

Direkte Erfahrungen mit der deutschen Kultur scheinen also viele Ausländer eher zu irritieren, als daß sie ihnen Erklärungen liefern, denn schon aufgrund geringer Kulturunterschiede nehmen viele Ausländer sehr weitreichende Generalisierungen* über die andere Kultur vor. Manche dieser „kleinen Unterschiede" in den oben beschriebenen Zitaten waren dabei situativ, nur zufällig so (vgl. zum Beispiel das erste Zitatbeispiel der Japanerin). In anderen Fällen entsprechen den Generalisierungen tatsächlich vorhandene Unterschiede, jedenfalls aus der Sicht der jeweiligen fremden Betrachter.

Solche Generalisierungen sind Ausdruck einer Konvention, einer allgemeinen Vorstellung, wie z. B. die Vorstellung von *weit/nah, freundlich/aggressiv, spazierengehen, Kindergeburtstag, Abendessen* etc. Diese konventionalisierte Vorstellung, was genau für Deutsche *weit* und was eher *nah* ist, was *spazierengehen* etc. bedeutet, nennen wir hier konventionalisierte begriffliche Kenntnis* (List, 1981). Das heißt, der Sprecher benutzt das entsprechende Wort so, wie Angehörige der deutschen Kultur aufgrund ihrer gemeinsamen Erfahrung diese Bedeutung als Begriff gespeichert haben, aufbauend auf einer Generalisierung spezifischer Erfahrungen. Mit diesen begrifflichen Konventionen einer fremden Kultur muß man umgehen lernen.

2.3   Begriffe im kulturellen Kontext

Überblick

Wie Begriffe im Gehirn gespeichert und abrufbar gemacht werden, haben wir im ersten Kapitel schon beschrieben. Für das Behalten war insbesondere die Vernetzung wichtig: Daß wir uns so viele Wörter merken können, liegt daran, daß sie nicht isoliert, sondern untereinander verknüpft im Gehirn gespeichert werden. In den folgenden Abschnitten möchten wir nun zeigen, wie man fremdsprachige Begriffe in ihrem Bedeutungsnetz bestimmen kann. Erfahrungsgemäß stehen dabei zunächst die denotativen Aspekte des Erklärungsgegenstandes so, wie er materiell erscheint, im Blickpunkt des Interesses. Erst von da aus kann auch aufbauend auf konventionalisierte begriffliche Aspekte eine landeskundliche Perspektive entwickelt werden.

2.3.1   Zeitung

Problemstellung

Nehmen wir einen Begriff, der in landeskundlichen Fortbildungskursen oft untersucht wird: die *Zeitung*. Um zu erarbeiten, was *Zeitung* bedeutet, wird eine deutsche Zeitung, meist eine lokale oder eine der wichtigen überregionalen Tageszeitungen, analysiert. Man bestimmt ihre Teile (Nachrichten, Feuilleton, Sport …), vergleicht diese Teile bzw. ihre Anordnung und inhaltliche Gestaltung mit denen anderer deutscher Tageszeitungen und versucht,

a) eine Synthese (Bestimmung der wichtigsten Teile einer [deutschen] Tageszeitung) und

b) eine grobe Bestimmung der politischen Grundhaltung der analysierten Zeitungen durch den Vergleich der Darstellung von Einzelmeldungen oder Kommentaren zu geben.

Teilnehmer und Teilnehmerinnen an solchen Seminaren kennen am Kursende die Auflagenhöhe verschiedener Tageszeitungen, ihren Aufbau und ihre politische Zielrichtung. Nimmt man jedoch eine fremdkulturelle Perspektive ein, so stellen sich Fragen zur Bedeutung von *Zeitung* überhaupt, die oft zu wenig berücksichtigt werden.

Ein deutscher Lektor an einer portugiesischen Universität beklagte sich, nachdem er einen Landeskundekurs durchgeführt hatte, daß es wohl sinnlos sei, landeskundliche Inhalte (hier meinte er: das politische System der Bundesrepublik Deutschland) an Studierende vermitteln zu wollen, die über ihr eigenes Land (Portugal) so wenig Bescheid wüßten, daß er keine Vergleiche ziehen könne. So habe er eine Umfrage gemacht und festgestellt, daß von 38 Studierenden seiner Seminargruppe nur zwei eine Tageszeitung abonniert hatten.

Eine solche Darstellung ist nur zum Teil richtig. Sie sagt etwas über diese portugiesischen Studenten aus. Aber sie zeigt auch sehr deutlich, daß der Lektor mit seinem Begriff *jornal* ganz bestimmte Vorstellungen verbindet, die er aus seiner deutschen begrifflichen Vorstellung überträgt.

Für Deutsche ist das Abonnieren einer Zeitung unter anderem Ausdruck des Bemühens um politische Willensbildung, oder besser: das Nichtabonnieren einer Tageszeitung wird in akademischen Kreisen leicht als Ausdruck von mangelndem politischem Interesse angesehen. Zu fragen ist, ob es in Portugal oder in anderen Ländern in gleichem Maße wichtig ist, eine Zeitung (portugies. *jornal*) zu abonnieren, um politisch informiert zu sein. Dazu muß man beachten, wann, wo, von wem Zeitungen gelesen werden. Es ist durchaus vorstellbar, daß portugiesische Studierende genauso intensiv Zeitung lesen wie ihr Lektor, nur nicht die eigene, sondern z. B. die in der Bar, wo sie morgens oder nachmittags Kaffee trinken. Portugiesen würden aufgrund ihrer Erfahrung mit *jornal* fragen:

- Warum versorgen sich Deutsche individuell mit einer Zeitung?

- Wie ist es organisiert, daß jeder morgens um 6.30 Uhr eine Zeitung im Briefkasten vorfindet?

- Wieso hat man vor der Arbeit überhaupt Zeit und Interesse, Zeitung zu lesen?

Erst dann werden sie möglicherweise weiterfragen, welches Image bestimmte Zeitungen haben und welches Image man als Leser dieser Zeitung in der Öffentlichkeit erlangen kann.

a) Wo und zu welchen Gelegenheiten liest man in Ihrem Land Zeitung in der Öffentlichkeit?

_____

_____

b) Liest man bei Ihnen auch zu Hause (individuell) Zeitung?

_____

c) Ist es in Ihrem Land üblich, Zeitungen zu abonnieren?

_____

d) Was ist ein „Lesezirkel"?

_____

„Jeden Morgen saß ich am Tisch mit Leuten, deren Gesichter hinter Zeitungen versteckt waren. Ich selbst hatte keine Lust zum Lesen am Morgen, hatte auch keine Ahnung von Lokalpolitik, und ich dachte, wenn die kein Interesse an mir haben, gehe ich in die Mensa zum Frühstücken. Dort saßen auch viele Studenten mit Zeitungen, aber bald fand sich eine Gruppe, die sich fast jeden Tag dort traf und ein bißchen ‚schwätzte'."

Französische Studentin im Wohnheim; aus: Müller (1980a), 51

Das Beispiel der französischen Studentin zeigt, wie jemand eine fremde Situation in Unkenntnis der landeskundlichen Bedeutung falsch interpretiert. Die Reaktion der Mitstudenten in der gemeinsamen Küche hat sie als Ablehnung ihrer Person, zumindest als Unhöflichkeit gewertet. *Zeitung* ist aber ein wichtiger Faktor des Frühstücks, und anscheinend haben die deutschen Studenten die Konvention „Zum Frühstück gehört das Zeitunglesen" (als Ausdruck des Bemühens um eine politische Willensbildung) als wichtiger angesehen als eine andere Konvention, nämlich: „(Fremde) Gäste soll man entgegenkommend, integrierend behandeln."

Daß eine Konvention der anderen übergeordnet wird, hängt von der Situation, der Personengruppe und natürlich auch von bestimmten Wandlungen in der Gesellschaft ab. In den 70er Jahren – aus denen das Beispiel stammt – waren die Studierenden politisch sehr engagiert und hielten sich durch Zeitunglesen auf dem laufenden, um sich auf die täglichen politischen Gespräche mit anderen Studierenden vorzubereiten. – Die französische Studentin fühlte sich jedenfalls verletzt.

Das Beispiel zeigt weiter, wie eng Bedeutungen an Kontexte gebunden sind. Beim Kaffeetrinken nachmittags wäre eine solche „zeitungsbedingte Ablehnung" der neuen Mitbewohnerin kaum passiert. Denn das Kaffeetrinken am Nachmittag ist in der Bundesrepublik Deutschland eine ganz typische gemeinsame erste Mahlzeit, bei der man sich kennenlernt und bei der Geselligkeit eine sehr große Rolle spielt, im Gegensatz zum Frühstück. Auch wird deutlich, daß die Bedeutung des Begriffs *Zeitung* nicht nur in der Summe ihrer Komponenten liegt, sondern vor allem in ihrem Gebrauch in konventionalisierten Situationen. Darauf war die französische Studentin trotz ihrer guten Deutschkenntnisse nicht vorbereitet.

2.3.2 Familie

Familie ist als Wort relativ schnell bestimmt: „aus einem Elternpaar und mindestens einem Kind bestehende Gemeinschaft" (Duden/DUW 1989, 484). Im Durchschnitt sind es 3,4 Personen: die Eltern und 1,4 Kinder; so kann man in jeder offiziellen deutschen Statistik nachlesen. Ähnlich wie bei *Zeitung* tauchen auch bei *Familie* bereits quantitative Unterschiede in der äußeren Bestimmung des Denotats auf. Im Unterschied zu anderen Sprachen, in denen mit (lat.) *familia*, (frz.) *famille* ... vor allem die „Großfamilie" (Großeltern, Tante, Onkel, Eltern, Cousinen, Cousins) gemeint ist, ist *Familie* in Deutschland in den meisten Fällen (auf jeden Fall mehr als früher) auf zwei Generationen, also Eltern mit Kind(ern), beschränkt.

Es kann sein, daß das Bild, das Familien in der Öffentlichkeit abgeben (z. B. beim *Spazierengehen*) manche Ausländer auch in quantitativer Hinsicht überrascht: warum so wenige (für Chinesen vielleicht auch: viele) Personen?

Einige ausländische Deutschlehrerinnen und Deutschlehrer, die an Kursen zur „Erlebten Landeskunde"* des Goethe-Instituts teilnahmen und zum Teil in deutschen Familien lebten, wählten *Familie* zum Gegenstand ihrer Untersuchung. Daß diese Familien kleiner waren als in ihrem Heimatland, war weit weniger bedeutungsvoll als die Frage nach ihrer Organisation, nach den Wertvorstellungen ihrer Mitglieder oder nach dem Verhältnis zwischen Familie und Öffentlichkeit sowie zwischen Familie und Freunden oder Bekannten.

Hierzu zwei Berichte (Arbeitsergebnisse einer Recherche):

A: *Eine deutsche Familie* (Bericht eines Briten)

„Familienmitglieder

1. *Mollie*

Mollie ist ein Meerschweinchen und im Moment die Nummer eins in der Familie. Mollie schläft in einem Käfig in Birgits Schlafzimmer, wo jetzt auch Henrik schläft, denn ich schlafe in seinem Zimmer im Souterrain. Mollie spricht kein Deutsch (wenigstens nicht mit mir!)

2. *Birgit*

Birgit ist sieben Jahre alt, Adoptivtochter. Ihre leiblichen Eltern sind eigentlich Jugoslawen – die Mutter ist Mohammedanerin und war unverheiratet. Birgit ist sehr dunkelhäutig – man würde sagen, sie kommt gerade vom Urlaub aus Griechenland zurück. Birgit klingt sehr nordisch (Th. Mann: Tonio Kröger – die lustigen, blauäugigen, blonden/die lustige, blonde Inge usw.). Kann es sein, daß man sie später einmal wegen ihres Namens neckt? Birgit spricht immer noch ziemlich kindisches Zeug und ist mir gegenüber recht schüchtern, obgleich sie auch frech sein kann. Sie klaut Kekse vom Tisch, geht hinaus, obwohl sie noch kaut usw. Das ist ganz bestimmt nicht unhöflich gemeint und für die Adoptiveltern ganz normal, aber auf mich wirkt das sehr sonderbar.

3. *Henrik*

Henrik ist elf Jahre alt. Er ist blond, blauäugig, könnte also leicht der Sohn der A. sein, ist aber auch ein Adoptivkind, dessen leibliche Eltern in Norddeutschland wohnen. Henrik ist ein freundlicher, netter Kerl (obgleich er sich am Tisch auch etwas unhöflich benimmt). Er ist sehr sportlich – Leichtathletik, Tennis usw. Er scheint ganz intelligent und reif zu sein, obwohl er bis jetzt kein besonders guter Schüler ist.

4. *Beatrice A.*

Beatrice A. ist 45 Jahre alt. Sie ist zweifellos die Hauptperson in der Familie. Sie arbeitet sehr fleißig für die ganze Familie, organisiert alles, kocht, putzt, kauft ein. Frau A. ist eine intelligente, vielseitig interessierte und begeisterte Grundschullehrerin. Als Kind mußte sie aus der damaligen sowjetischen Besatzungszone fliehen und hat seitdem hauptsächlich in Bremen gewohnt, obgleich sie mit ihrer Familie öfters in der BRD umgezogen war. Gestern (3. 8. 87) kamen auch zwei ehemalige Schulkameradinnen zu ihrem Geburtstagsfest. Ich glaube, es ist wichtig für sie, daß sie zurück in ihre Heimatstadt gekommen ist, denn hier ist vieles leichter für sie, zumal sie offensichtlich keine Kinder bekommen konnte, ihr Mann sehr krank geworden ist und jetzt stark von ihr abhängig ist. Im Vergleich zu meinen britischen und französischen Bekannten raucht und trinkt sie viel – aber nicht zu viel! Sie hat viel Geduld mit ihrem Mann, wenn er etwas Falsches sagt, aber manchmal sprechen beide zur selben Zeit, was für einen Ausländer schwer zu verstehen ist. Ihr Stammbaum hängt im Flur an der Wand, und merkwürdigerweise ist ihr Mann auch darauf, obwohl er nur ein ferner Verwandter ist. Vielleicht kommt sie aber aus einer besseren Familie als er? Sie ist eine gute Hausfrau und nett zu ihren Kindern, aber meines Erachtens ein bißchen zu locker. Zur Zeit haben wir allerdings Ferien, und es kann gut sein, daß sie, sobald die Kinder wieder zur Schule gehen, strenger wird.

5. *Martin A.*

Ich mußte schließlich Frau A. fragen, was ihr Mann eigentlich mache, denn er scheint nicht zu arbeiten und hatte auch nicht mit mir darüber gesprochen. Frau A. war allerdings der Meinung, er hätte schon mit mir darüber gesprochen. Mein Eindruck ist: Beide meiden es, darüber zu sprechen. In etwa 10 Minuten sagte sie mir heute morgen (4. 8. 87), was ihm passiert sei.

Er wäre Jurist gewesen, und zwar für Arbeitnehmer, die mit ihren Arbeitgebern Prozesse führten. Dann, vor etwa 4 Jahren, wäre er krank geworden, ein Jahr lang behandelt, in Kur geschickt worden – und schließlich fand man eine Erklärung für seine Krankheit: Sein Kleinhirn sei aus unbekannten Gründen (möglicherweise aufgrund eines Unfalls im Kindesalter – Schädelbruch?) zusammengeschrumpft. Die Folge war, daß er nur noch halbtags arbeiten konnte. Jetzt bekommt er eine Rente. Immerhin arbeitet er freiwillig, ohne bezahlt zu werden – er besucht Kranke, hilft alten Leuten im Altersheim, arbeitet für die Volkszählung usw. Manchmal sieht er allerdings aus wie ein Betrunkener, hat Schwierigkeiten mit dem Sprechen und mit seinem Gleichgewichtssinn. Ich kann mir denken, daß er oft deprimiert ist und vielleicht einen Minderwertigkeitskomplex hat. Alkohol kann er überhaupt nicht vertragen. Trotz allem ist er ein freundlicher und hilfsbereiter Mensch. Spannungen gibt es aber bestimmt zwischen den beiden.

6. *Die Oma, Beatrice A.'s Mutter*

Etwa eine Stunde lang sprach ich mit ihr. Merkwürdigerweise war sie bereit, mir alles über ihre Ansichten zu erzählen, denn gewöhnlich ist sie sehr konservativ und altmodisch und kann Böll und Udo Lindenberg, DDR-Politiker usw. nicht leiden. Auf ihren schwedischen Vater, der einen Dr.-phil.-Titel (honoris causa) der Universitäten Glasgow, Oxford und Cambridge besitzt, ist sie sehr stolz. Noch immer scheint sie in der Zeit vor dem Krieg zu leben – alles Moderne ist für sie schwer verständlich, nicht zu begreifen. Sie ist, kurz gesagt, eine freundliche und interessante Dame der alten Schule."

Teilnehmer eines Seminars zur „Erlebten Landeskunde" im Goethe-Institut

B: *Meine Gastfamilie* (Bericht eines Norwegers)

Beispiel 18

„Die Familie besteht aus der Mutter und zwei halbwüchsigen Kindern. Sie wohnen in einem Reihenhaus. Ich war ein bißchen müde nach der Reise, und sie hatten Verständnis dafür, zeigten mir mein Zimmer und das Badezimmer, damit ich mich erfrischen konnte. Gleich danach wurde ich zum Abendbrotessen eingeladen. Irmtraut F. ist seit 3 Jahren geschieden. Sie ist sehr offen und spricht über die Probleme einer alleinstehenden Frau. Ihre beiden Söhne, Niels, 17, und Sascha, 15, sind sehr nette Jungen, höflich und hilfsbereit.

Irmtraut F. bemüht sich meiner Meinung nach um ein partnerschaftliches Verhältnis zu ihren Kindern, d. h., die Kinder haben ein Mitspracherecht bei Dingen, die für sie wichtig sind. Mir scheint es, als ob Hilfsbereitschaft, Offenheit, Vertrauen und gegenseitige Achtung in dieser Familie sehr wichtig sind. Die Kinder helfen ihrer Mutter bei der Hausarbeit. Ich habe nie gehört, daß sie sich streiten.

Die Kinder haben jetzt Ferien, aber dennoch ist der Tagesablauf für Irmtraut F. genau festgelegt: 8.00 bis 17.00 Uhr arbeitet sie in einem Büro und kommt um 17.30 Uhr nach Hause. Dann ißt sie mit ihren Kindern zu Abend. Danach muß sie das Mittagessen für den nächsten Tag vorbereiten, so daß die Kinder sich allein ihr Essen aufwärmen können. Die beiden Kinder essen also allein zu Mittag. Die hauptsächlichen Hausarbeiten und die Arbeit im Garten verrichtet meine Gastgeberin allerdings am freien Samstag."

Teilnehmer eines Seminars zur „Erlebten Landeskunde" im Goethe-Institut

Kommentar

Wir haben im Zusammenhang mit dem Zeitungsbeispiel kritisiert, daß Ausländer im fremden Land oft – ausgehend von kleinen Beobachtungen oder Erfahrungen – weitreichende Schlüsse auf politische Einstellungen und gesellschaftliche Verhältnisse ziehen. Dieses Verhalten ist aber zum Teil richtig und verständlich: In den Berichten werden Einzelbeobachtungen geschildert (an manchen Stellen merkt man als Leser, wie die Betrachter förmlich von Eindrücken überschüttet werden), vorsichtig eingeordnet, bewertet und miteinander in Beziehung gesetzt. Vieles in den Beschreibungen zeigt, wie Einzelbegriffe sehr viele Bezüge zu allgemeinen landeskundlichen Gegebenheiten herstellen. Diese Bezüge sind in verschiedener Hinsicht wichtig: Ein Betrachter von außen braucht sie, um die fremde Umwelt überhaupt zu verstehen. In diesen Bezügen spiegeln sich die in Kapitel 1.2 und 1.2.1 dargestellten Assoziationsketten. Sie sind sicherlich auch verantwortlich für die enge Verknüpfung von Bedeutungen untereinander, die wir im ersten Kapitel behandelt haben.

Aufgabe 13

> Stellen Sie anhand der obigen Beschreibungen wichtige Charakteristika einer deutschen Familie in Form einer Collage zusammen. Ergänzen Sie diese durch Eindrücke und Kenntnisse, die Sie selbst über deutsche Familien gewonnen haben.

2.4 Didaktische Konsequenzen

Wir haben in diesem Kapitel gesehen, daß Begriffe jeweils einen Komplex konventionalisierter Vorstellungen, d. h. Bedeutungen im weiteren Sinne, widerspiegeln. Wir haben weiterhin festgestellt, daß Begriffe mit anderen Begriffen zu einem Netz eng verbunden sind. Für den Deutschlernenden heißt das, daß er sich mit diesen Bedeutungen, vor allem mit den landeskundlich relevanten Aspekten, beschäftigen muß. Im Gegensatz zu einem Kind, das diese Kenntnisse intuitiv und durch vielseitige Erfahrungen im Laufe seiner Entwicklung über einen relativ langen Zeitraum erwirbt, steht dem Deutschlernenden dafür wenig Zeit zur Verfügung. Dazu kommt, daß er auch nicht ständig mit dem fremden sozialen Umfeld konfrontiert wird, wenn er nicht gerade in der Bundesrepublik Deutschland lebt und dort die neue Sprache erlernt. Andererseits kennt er die meisten der denotativen Bedeutungen von neuen Wörtern, so daß die Lehrenden diese Bedeutungen im engeren Sinne voraussetzen können (und dies – wie wir in Kapitel 2.1 gesehen haben – auch tun). Die didaktischen Probleme einer landeskundlich relevanten Strategie der Erklärung des neuen Wortschatzes beziehen sich daher auf die Schwierigkeiten bei der Vermittlung der für Deutschland spezifischen konventionalisierten Vorstellungen.

Problemstellung

Die Fülle solcher relevanten Informationen, die mit einzelnen Begriffen wie *Freiheit, Essen, Höflichkeit, Kommunismus, Vater, Mutter, gerecht, logisch* etc. transportiert wird, ist nicht eindeutig bestimmbar und vor allem im Unterricht nicht präsentierbar. Würde man dies versuchen, so könnte man im ersten Jahr Deutschunterricht vielleicht gerade zwanzig Begriffe erarbeiten. Weiterhin ist klar, daß die meisten Deutschlehrer und -lehrerinnen diese vielen Bezüge nicht kennen, weil sie gar nicht oder nur kurze Zeit in der Bundesrepublik Deutschland gelebt haben (und in dieser Zeit diese Bezüge oft auch durch die „eigenkulturelle Brille" gesehen haben).

Wenn man nicht alles unterrichten kann oder will, muß ausgewählt werden. Das bedeutet, daß Lernende eine exemplarische Einführung in die landeskundlich relevante Komplexität von Einzelbegriffen bekommen müssen. Wie dies möglich ist, wird im dritten Kapitel beschrieben. Lösung 1

Aber auch eine andere Konsequenz ist denkbar und wird von vielen Lehrplanern vertreten: Lassen wir die umständliche und anstrengende Vermittlung landeskundlich relevanten Wissens, und geben wir den Schülern ein gutes Rüstzeug im Bereich Lexik und Grammatik. Wenn sie nur relativ gut sprechen können, reicht das, und wenn sie in die Bundesrepublik Deutschland kommen, werden sie die landeskundlichen Inhalte schon von selbst erkennen und erfahren. Lösung 2

Es hat lange gedauert, bis man erkannt hat, daß die in Lösung 2 vertretene Haltung falsch ist, denn bei der direkten Konfrontation mit der fremden Kultur haben sich größere Probleme ergeben, als man bisher annahm (Alix 1988). Man stellt nämlich fest, daß interkulturelle Begegnungsprogramme nicht zu einem Abbau von Vorurteilen beigetragen haben; die Vorurteile sind im Gegenteil in gewisser Weise noch stärker geworden. Das heißt, die Begegnung mit dem Fremden im fremden Land, die direkte Anschauung in <u>interkulturellen Situationen</u>* führte sehr häufig zu größerem Mißverstehen als das Wörterlernen ohne persönliche Kulturerfahrung. Kommentar

Unseres Erachtens liegt dies daran, daß Schüler beim Sprachenlernen nicht nur Wörter und Grammatik der fremden Sprache internalisieren, sondern auch Strategien, wie man generell mit fremden Bedeutungen umgehen muß: Sie übersetzen in der Regel nur die Ausdrucksformen von Bedeutungen (Wörter) und setzen dabei ständig die mutter- und zielsprachigen Bedeutungen gleich. Dies ist nicht genug. In der folgenden Geschichte wird deutlich, wie aus kleinen Anlässen des Mißinterpretierens die Grundlagen für Fehlurteile und Stereotype entstehen.

Die Geschichte handelt von einem französischen Schüler, der sich mit seiner Klasse im Rahmen eines Schüleraustausches in der Bundesrepublik Deutschland aufhält. Während seines Aufenthaltes wohnte er bei seinen Gasteltern, d. h. bei den Eltern eines deutschen Schülers. Schon von Anfang an hatte er Probleme mit dieser für ihn typisch deutschen Gastfamilie.

Aus der Sicht des französischen Schülers spielte sich seine Ankunft und Integration in die Familie folgendermaßen ab: _Beispiel 19_

„Das müssen sie sein: Michael, mein Austauschschüler, und seine Eltern. Sie lachen und winken, sehr sympathisch. Ich bemerke jedoch gleich eine gewisse Distanz bei der Begrüßung, die Hände sind beim Händegeben sehr „lang". – Wir fahren zu ihnen nach Hause, und als erstes zeigen sie mir die ganze Wohnung. Das war nicht nötig, was soll ich das elegante Badezimmer, die zwei (!) Toiletten und das Schlafzimmer der Eltern bewundern? Aber das Zimmer von Michael ist toll eingerichtet, er hat fast alles. Mein Gästezimmer ist eher neutral. Aber da schlafen ja auch andere, wenn ich nicht da bin.

Dann kam das Abendessen, eine einzige Katastrophe: Ich sollte gleichzeitig Vorspeisen essen wie Leberwurst, Salami und dazu Käse als Abschluß des Essens. Ich hielt mich zurück, habe nur ein bißchen von der Paté (Leberwurst) probiert. Aber dann wurde alles weggeräumt, und ich bin mit hungrigem Magen ins Bett gegangen. Wie kann man nur kalte Sachen essen am Abend! Und besonders, wenn Besuch kommt, sollte man nicht am Essen sparen."

mündlicher Bericht: Alain, 12 Jahre, 1990

Die kurze Beschreibung zeigt, wie Deutschlernende aus eigener Anschauung kaum die fremden Bedeutungen erkennen können. Auf der Grundlage seiner eigenen kulturellen Gewohnheiten hat der Schüler die _Begrüßung_ als „kalt" empfunden, weil man ihm nur eine weit ausgestreckte Hand geboten hat (und dies bei ihm Distanz, sehr formelles Verhalten signalisiert). Auch das _Zeigen der Wohnung_ hat er anders gesehen als die Kommentar

35

deutsche Gastfamilie, nämlich nicht als Zeichen der Integration und als Grundlage für die Freiheit, sich selbständig in der Wohnung bewegen zu können. Und beim *Essen* schließlich ist er völlig von seinen eigenkulturellen Erfahrungen ausgegangen und hat die Hauptmahlzeit als Vorspeise angesehen und deshalb angenommen, daß er sich noch nicht satt essen müsse.

Neben der Schwierigkeit, fremde Bedeutungen zu erkennen, wird hier deutlich, daß Fremdsprachenlernende völlig überrascht und völlig unvorbereitet sein können, wenn sie mit der Vorstellung von Lehrwerk-Dialogmustern aus monokulturellen Situationen* im Kopf auf fremde Gewohnheiten, Verhaltensweisen und Einstellungen stoßen. Sie sind oft nicht einmal in der Lage, sich klar darüber zu werden, daß etwas im fremden Land anders ist und/oder zu fragen, was dort wohl anders ist. Vielmehr interpretieren sie unvorbereitet, ohne Selbstzweifel und ohne Fragen das Fremde auf der Grundlage ihrer eigenkulturellen Gewohnheiten.

Lösung 3

Man könnte geneigt sein zu sagen, daß dies fast allen Menschen im Ausland immer wieder passiert. Das ist richtig. Wir vertreten dazu die These, daß der Deutschunterricht helfen könnte, solche Fehlinterpretationen (aus denen sehr leicht stereotype Haltungen und Ressentiments entstehen) zu vermeiden. Positiv ausgedrückt: Im Deutschunterricht können und sollen die Lernenden darauf vorbereitet werden, daß ihnen Fremdes begegnet, und sie sollten Strategien lernen, mit diesem Fremden umzugehen und es zu entschlüsseln. Dazu eignen sich interkulturelle Situationen* im Lehrwerk, Beobachtungs- und Rechercheübungen, die den Lernenden systematisch das Fremde an bisher vertraut erscheinenden Gegenständen und Handlungen verdeutlichen.

Hinweis

Solche Lernübungen werden in den Abschnitten 2.4.2 und in Kapitel 5 vorgestellt.

Daß eine Sensibilisierung der Lernenden für das Erkennen der landeskundlich fremden Bedeutungen über bestimmte Strategien des <u>Lehrens</u> geschehen kann, d. h., daß die Lehrerinnen und Lehrer im Unterricht eine Vielzahl von Hilfen geben können, wird in Kapitel 3 dargestellt.

2.4.1   Unterrichtsplanungen

Im Fremdsprachenunterricht müssen und können nicht alle Bedeutungen auf der Begriffsebene dargestellt und mit landeskundlichen Kontexten versehen werden, so wie wir das in diesem Kapitel an einigen Beispielen gezeigt haben. Das ist vom Zeitaufwand her nicht möglich und auch nicht sinnvoll. Wir möchten Ihnen als erste didaktische Konsequenz von Kapitel 2 aber zeigen, wie mit Hilfe einer Unterrichtsplanung* zentrale Begriffe ausgewählt und exemplarisch so vermittelt werden können, daß die Lernenden das Prinzip der Bedeutungserschließung – „von der kulturneutralen Wortbedeutung zur kulturspezifischen, landeskundlich bestimmten Bedeutung" – nachvollziehen und in eigene Lernstrategien umsetzen können.

Der folgende Jahresplan geht davon aus, daß mit Lehrwerken gearbeitet wird, die möglicherweise an einzelnen Stellen auf Kulturvergleiche und komplexere Bedeutungen hinarbeiten, die jedoch nicht durchgängig von interkulturell* angelegten didaktischen Überlegungen geprägt sind. Das Schema zeigt, daß man bei der Jahresplanung einzelne Begriffe aus den Lektionen auswählen und ihre kulturellen Aspekte aus eigener Anschauung oder mit Hilfe von Personen, die die deutsche Kultur gut kennen, erstellen kann, um sie mit den eigenen Begriffen zu vergleichen. Da ein Lehrwerk meist über mehrere Jahre benutzt wird, lohnt sich hier eine intensivere Vorbereitung; gleichzeitig kann bei der ersten Planung davon ausgegangen werden, daß wichtige Anregungen auch während des Unterrichts von den Schülern kommen, so daß die Planung für das darauffolgende Jahr entsprechend ergänzt werden kann.

a) Lesen Sie die Jahresplanung 1, und ergänzen Sie aus Ihrer Perspektive die Erklärungsaspekte in der rechten Spalte.

Jahresplanung 1: Möglichkeiten des Eingehens auf kulturspezifische Bedeutungen

Lektion	Begriffe, die umfassend erklärt werden sollen	kulturelle Aspekte – Vergleich und didaktische Ideen (detaillierte Planung der Erklärungen vgl. Jahresplanung 2)
1	Begrüßen	Wann? Wer zuerst? Wie? (Bildillustration)
	(Vor-)Namen	Wer gibt sie ? Symbolgehalt? Gebrauch der Namen bei der Anrede
	Zahlen	Glückszahlen/Unglückszahlen
2	Beruf	Wann wird er gewählt? Ausbildung nötig? Berufsbezeichnungen zum Teil geschützt; Symbolgehalt bestimmter Berufe; Ende der Berufstätigkeit
	Kind	Welche Rolle in der Familie? Wie lange?
	Spiel	Abgrenzung zur „Arbeit"; spielerisches Lernen; Gesellschaftsspiele, Glücksspiele
3	Haus	Wohn-/Einfamilienhaus; privat, Rückzug
	Familie	Wie groß? Rolle der einzelnen Mitglieder
	Miete	Wieviel? Anteil vom Einkommen? Mietzuschüsse
4	Frühstück	Was? Wie lange? Wie wichtig im Vergleich zu anderen Mahlzeiten?
	Bestellen	Wie? Höflich, Blickkontakt?
	Einladung	Wie konventionell/nichtkonventionell? Wie reagieren? Welche Verpflichtungen für den Eingeladenen?
5	Freizeit	Was tun? Wie wichtig? Symbolwert einzelner Freizeitaktivitäten
	Mittag (Zeit)	Wie lange? Welche Rolle? Wie genutzt?
	Terminkalender	Wer führt ihn wie? Welcher Arbeitsbegriff steht dahinter?

b) Nehmen Sie Ihr Deutschlehrwerk, und bestimmen Sie die gegebenen Schlüsselbegriffe A–E. Die Beispiele in Jahresplanung 2 stammen aus einem fiktiven Lehrwerk.

Jahresplanung 2:   Kulturspezifische Wortschatzvermittlung

Lektion		1		2	3	
Schlüsselbegriffe		*Begrüßen*	*Name/ Vorname*	*Beruf*	*Familie*	*Haus*
A	Bezüge innerhalb der Lektion/ des Textes	Mann grüßt zuerst	Herr/Frau + Nach-name + „Sie"	tägliche zeitliche Belastung	Mitglieder	Haus mit Gast
B	weitergehende Begriffskon-texte	Grußverwei-gerung als Beleidigung	Nachnamen reflektieren z. T. als Be-rufsbezeich-nungen	Karriere, Streben nach Höherem	besondere Rolle der Familie in der Gesell-schaft	Schaffung eines indi-viduellen Lebens-raumes
C	Bezüge zu bisher erarbei-teten Schlüssel-begriffen		Namens-nennung beim Be-grüßen wichtig	berufs-spezi-fische Anrede bei „Herr Doktor"	Spannung zwischen beruflichen Zielen und Anforde-rungen einer Familie	Haus – Familie im engen Sinn
D	Veränderun-gen in der Geschichte	Abkehr von höfischen Grußritualen	Verlust der Adelskenn-zeichnung „von"	meist ständige Weiter-bildung notwen-dig	von der Großfamilie zur Klein-familie	Auslage-rung von Arbeit und z. T. von Freizeit
E	Bezüge zu Äquivalenzen in der eigenen Kultur: Unterschiede Vergleiche	Ausdruck des Status?	Anrede mit Vor-/Nach-namen am Arbeits-platz?	geschützte Berufs-bezeich-nungen	Wie viele Personen? Welche Rolle spielen einzelne Mitglieder?	Wie offen ist es für Freunde?

In einem ersten Schritt (Jahresplanung 1) kommt es vor allem auf die Auswahl von wichtigen Begriffen und auf eine grobe Skizze begrifflicher und landeskundlicher Aspekte an. Im zweiten Schritt (Jahresplanung 2) wird dann ein detaillierter Überblick über die einzelnen zukünftigen Schritte in der kulturorientierten Wortschatzdidaktik erstellt. Den Ausgangspunkt der Überlegungen bilden wieder die Schlüsselbegriffe, zu denen als erstes Bezüge innerhalb der gegebenen Lektion bzw. des vorgegebenen Textes hergestellt werden (A). Bei *begrüßen* könnte dazugehören, wer sich begrüßt, welche Gesten die Personen auf den Illustrationen demonstrieren und was der Anlaß der Begrüßung ist; bei dem Begriff *Name/Vorname* könnte festgehalten werden, wer seinen Namen sagt, welche Handlungen vorher und nachher passieren etc.

In der nächsten Spalte (B) werden weitergehende Begriffskontexte gesucht. Das sind Situationen, in denen der Schlüsselbegriff oft („typischerweise") erscheint und die dadurch möglicherweise repräsentativer sind als im dargestellten Lektionskontext. Beim ersten gewählten Begriff *Begrüßen* könnte man verschiedene Begrüßungs-situationen festhalten, besonders solche, in denen sich Ausländer und Deutsche begrüßen oder begrüßt werden. Bei dem Begriffspaar *Name/Vorname* wäre wichtig festzuhalten, wann man seinen Namen bzw. Vornamen nennt, wann man sich mit Namen/Vornamen anspricht, welche Beziehungen zwischen Sprechern und Angesprochenen ausgedrückt werden oder auch welche Bedeutung generell die (Anrede-) Normen für die Wertschätzung von Menschen haben.

Bei der Kategorie *Bezüge zu bisher erarbeiteten Schlüsselbegriffen* (C) geht es darum, den lektionsübergreifenden Zusammenhang der eingeführten Schlüsselbegriffe zu illustrieren. Beim ersten Begriff *Begrüßen* ergibt sich logischerweise noch kein Rückgriff, aber Begriff 2 *Name* zeigt, daß die Schlüsselbegriffe durch die systemati-sche Darbietung nicht nur vertikal vertieft, sondern auch horizontal miteinander verknüpft werden. So könnte man beim Begriff *Name/Vorname* auf die Rolle der Namensnennung bei Begrüßungen hinarbeiten. Falls als nächster Schlüsselbegriff *Beruf* ansteht, kann hier auch eine weitergehende Reflexion der Rolle des Namens in verschiedenen Kontexten (Beruf, Familie, Freizeit) einsetzen.

Die Kategorie *Veränderungen in der Geschichte* (D) soll deutlich machen, daß sich die Bedeutung von Begriffen im Lauf der Zeit verändert (es geht jedoch <u>nicht</u> darum, eine Sammlung von historischen Fakten herzustellen). Wir wollen diese Kategorie am Beispiel *Familie* (dt.) erklären. Man könnte einmal erarbeiten, wie man sich früher in Familien und in der Öffentlichkeit begrüßt hat, und welche sprachlichen Formeln dazu verwendet wurden; bei *Name/Vorname* könnte man festhalten, welche Namen früher gegeben wurden, welche Familienmitglieder bei der Namensgebung eine Rolle ge-spielt haben oder wie wichtig Namensänderung (bei der Heirat oder bei dem Versuch, in den Adelsstand aufgenommen zu werden) waren.

Daß Bezüge zu *Äquivalenzen in der eigenen Kultur, Unterschiede und Vergleiche* (E) als letzte Kategorie aufgeführt werden, ist kein Zufall. Bevor die Brücke zu den eige-nen kulturellen Erfahrungen geschlagen wird, sollten möglichst viele Aspekte des fremden (deutschen) Begriffs dargestellt sein, so daß man weniger geneigt ist, Wort-übersetzungen herzustellen, sondern daß man vielmehr erste (Funktions-)Äquiva-lenzen* herstellt. Diese werden dadurch erarbeitet, daß man von den äußeren Eigen-heiten eines Gegenstandes weitgehend absieht und fragt, welche Funktionen er erfüllt, um dann zu fragen, in welcher Form diese Funktionen in der anderen Gesellschaft realisiert werden. Hat beispielsweise das deutsche *Café* Funktionen wie „Ruhe", „Rückzugsmöglichkeit in der Öffentlichkeit", so ist das Funktionsäquivalent in Frank-reich eher *salon de thé* als *café* oder *bar*. Falls also in der eigenen Kultur die Begrüßung u. a. die Funktion hat, Standesunterschiede auszudrücken, so müßte überlegt wer-den, wie dieser zusätzliche Aspekt im Deutschen verbal oder auch nichtverbal ausge-drückt wird. Wenn weiterhin beim Begrüßen im eigenen Land beispielsweise ein intensiverer Körperkontakt üblich ist (dessen Fehlen im Deutschen dann oft als Ausdruck von Kühle interpretiert wird) oder aber das Gegenteil z.B. in anglophonen Ländern (der deutsche Händedruck beim Begrüßen wird als zu nah und deshalb als unangenehm empfunden), so sollte dies zum Anlaß genommen werden, genauer zu erforschen, auf welche Weise im Deutschen Kühle und Herzlichkeit bei Begrüßungen ausgedrückt werden. Bei *Name/Vorname* kann verglichen werden, wer sich in welchen Situationen mit welchem Namen anspricht, wie viele Vornamen/Familiennamen

Menschen haben, wie man diese unterscheiden kann, was *Namen* bedeuten (Eigenschaften, Berufsbezeichnungen etc.) und wozu Namen bzw. Namensgebungen verpflichten können.

Aufgabe 15

> *Versuchen Sie, anhand von Lektionen Ihres Lehrbuchs, in denen die gegebenen Begriffe eine Rolle spielen, die Jahresplanungen 1 und 2 zu vervollständigen.*

2.4.2 Übungsformen

Im folgenden haben wir Übungen für Sie zusammengestellt, die Sie mit Kolleginnen und Kollegen im Rahmen einer Fortbildungsveranstaltung lösen oder die Sie selbst im Unterricht einsetzen können.

Aufgabe 16

> *Lesen Sie den Wörterbucheintrag aus Beispiel 20 zum Begriff „Urkunde",
> und vergleichen Sie ihn mit dem Dialog in Beispiel 21.*

Beispiel 20

Wörterbucheintrag:

Ur·kun·de *die*; -, -*n*; ein (amtliches) Dokument, durch das etw. offiziell bestätigt wird ⟨e-e notariell beglaubigte U.; e-e U. (über etw. (*Akk*)) ausstellen, ausfertigen; e-e U. fälschen⟩ K-: **Urkunden-, -fälschung, -fälscher** | -K: **Besitz-, Ernennungs-, Geburts-, Heirats-**

Götz u. a. (1993), 1031

Beispiel 21

Marie (6 Jahre) übt zu Hause Seilspringen; das ist im Turnunterricht in der Schule eine von 5 Übungen, die bewertet werden und für die man eine *Urkunde* bekommt, wenn man gute Leistungen erzielt. Fanny, 4 Jahre, beobachtet sie dabei:

M: „Ich muß üben, sonst bekomme ich keine Urkunde."
F: „Was issn (ist denn) eine Urkunde?"
M: „Ein Zettel."
F: „Willst du einen Zettel?"
M: „Da steht drauf, daß man etwas gut machen kann."
F: „Sowas is (ist) 'ne (eine) Urkunde?"
M: „Ja, da muß man 10 Sachen machen, und wenn man 50 Punkte hat, bekommt man eine Urkunde."
F: „Und dann kann man die aufhängen?"
M: „Ja."

Aufgabe 17

> *Klären Sie, wer im folgenden Dialog (Beispiel 22) einen Fehler macht, und worin dieser besteht.*

Beispiel 22

Der Vater guckt mit seinem Sohn (1,8 Jahre) ein Bilderbuch an. Dort sind auf einer Seite eine gelbe Ente, ein gelber Mond, ein roter Teddybär und eine grüne Katze zu sehen.

V (zeigt mit dem Finger): „Guck, eine Ente, [die] macht goak, goak!"
S (zeigt auf den Mond):   „Goak, goak."
V: „Nein, das ist der Mond."

Aufgabe 18

> *a) Schreiben Sie ein Gedicht mit dem Titel „Vergnügungen", oder lassen Sie Ihre Schüler Gedichte zu diesem Thema schreiben, beispielsweise in abstrakter Form mit Assoziationswörtern zum Thema.*

b) Vergleichen Sie Ihr Gedicht mit dem Gedicht von Bertolt Brecht in Beispiel 23.

Beispiel 23

VERGNÜGUNGEN

Der erste Blick aus dem Fenster am Morgen
Das wiedergefundene alte Buch
Begeisterte Gesichter
Schnee, der Wechsel der Jahreszeiten
Die Zeitung
Der Hund
Die Dialektik
Duschen, Schwimmen
Alte Musik
Bequeme Schuhe
Begreifen
Neue Musik
Schreiben, Pflanzen
Reisen
Singen
Freundlich sein.

Bertolt Brecht (1967), 1022

a) Stellen Sie Sich vor, Sie seien zwischen 60 und 70 Jahren alt, und schreiben Sie aus dieser Perspektive erneut ein Gedicht zu „Vergnügungen".

Aufgabe 19

b) Schreiben Sie ein Gedicht zum Thema „Toleranz".

Beispiel 24

Die Deutschen und das Schwein

Schwein. Mit dem Schwein ist es ein ganz besonderes Problem.
Die Deutschen und das Schwein.

Du hast Schwein, sagen die Deutschen,
und sie meinen, es bedeutet etwas Gutes.
Du bist ein Schwein, sagen die Deutschen,
und sie meinen, es bedeutet etwas Schlechtes.
Bei uns darf man das Schwein nicht essen,
aber ein Schimpfwort ist es deshalb noch lange nicht.

Auf arabisch sagt man lobend:
Ein Mann ist stark und kräftig wie ein Schwein!

Die Deutschen essen den ganzen Tag Schweinefleisch,
und wohlgenährt sehen sie auch aus.
Aber wenn man sagt,
sie seien rundlich wie die Schweine,
ist das auf deutsch geschimpft.

Bei uns ist das Schwein neutral.

Man darf nur niemand einen Hund nennen,
wenn man ihn nicht zum Beißen reizen will.

Die Deutschen haben keine Systematik
in Schweine-Angelegenheiten.
Oh mein Schwein, mein Schwein!
...

Hajaj (1987), 53f.

a) *Suchen Sie aus dem Gedicht in Beispiel 24 die verschiedenen Bedeutungen von „Schwein" heraus.*

_____

_____

_____

_____

b) *Erläutern Sie, worin sich die Bedeutungen von „Schwein" im Arabischen im Vergleich zum Deutschen unterscheiden.*

c) *Ergänzen Sie die folgende Redewendung:*

   „Man hat Schwein (= man hat Glück), wenn man …"

_____

_____

d) *„Ist er/sie wirklich ein ‚Schwein' (beleidigend), wenn er/sie …?"*

_____

_____

Nennen Sie Begriffe (beispielsweise aus dem Alltag), bei denen die Bedeutungsunterschiede zwischen Ihrer Muttersprache und dem Deutschen so unbedeutend sind, daß man sie vernachlässigen kann.

_____

_____

_____

_____

Auch bei solchen Inhalten, die es zwar in einer Kultur gibt, nicht aber in der anderen, spielen logischerweise kulturelle Unterschiede eine große Rolle.

Verschleierte Frauen gibt es in der Bundesrepublik Deutschland nicht. Trotzdem kennen Deutsche den Ausdruck *verschleiert*, haben keine Probleme mit dem Übersetzen und können sich vorstellen, was damit gemeint ist. Die tiefere soziale Bedeutung der Verschleierung ist aber zumeist nur oberflächlich bekannt. Wie schwierig es ist, sich solche in der eigenen Kultur nicht existenten Begriffsinhalte vorzustellen, können Sie sich mit Hilfe der folgenden Testaufgabe veranschaulichen:

a) *Bei welchen der folgenden Begriffe haben Ihre Lernenden voraussichtlich Schwierigkeiten bei der Beschreibung der Bedeutung?*

– *Hundesalon*	– *auf Mallorca überwintern*
– *BMW 3er Club Bayreuth, e.V.*	– *aus der Kirche austreten*
– *Gnade der späten Geburt*	– *Trümmerfrauen*
– *Wirtschaftswunder*	– *Kaffeefahrten*

b) Wählen Sie zwei Begriffe aus, und versuchen Sie, deren Inhalte zu beschreiben.

Begriff 1: _____

Bedeutung: _____

_____

Begriff 2: _____

Bedeutung: _____

_____

2.5 Zusammenfassung

Kapitel 2 behandelte Grundlagen und Techniken* der Bedeutungserklärung sowie praktische Aspekte der Erweiterung von Bedeutungen im engeren Sinne zu Bedeutungen von Begriffen im weiteren Sinne. Wir gingen von den kulturneutralen „Wortbedeutungen" bestimmter Wörter aus und verfolgten von da aus den Weg zu Begriffen und Begriffsvernetzungen, deren Bewußtmachung schon in den Bereich der Landeskunde gehört.

Das Kapitel sollte zeigen, wie Begriffe, die auf den ersten Blick kulturneutral bzw. in allen Kulturen identisch erscheinen (wie z. B. der Begriff *Name/Vorname*), unter bestimmten Fragestellungen kulturspezifische Ausformungen zeigen. Die Bedeutungsunterschiede, die sich daraus ergeben, sollten den Lernenden vermittelt werden, um unnötige Mißverständnisse zu vermeiden. Weiterhin wurden exemplarisch Wege aufgezeigt (vgl. Kap. 2.4.1 und 2.4.2), wie man mit Bedeutungsunterschieden umgehen kann. Diese Einsichten sollen in den kommenden Kapiteln vertieft werden.

3 Kulturbezogene Bedeutungserklärungen: Techniken, Beispiele, Analysen

Überblick

Nachdem im Kapitel 2 der Zusammenhang zwischen Wortbedeutung, Begriff und kulturspezifischer Begriffsverknüpfung erörtert wurde, wollen wir uns in diesem Kapitel mit bestimmten Techniken der Bedeutungserklärung* beschäftigen, die diesen Zusammenhang berücksichtigen.

3.1 Bedeutungsvermittlung als Aufgabe der Lehrenden

Wie erklärt man eigentlich unbekannte Ausdrücke? Jede Lehrerin und jeder Lehrer hat in der Ausbildung und im Laufe der Unterrichtspraxis eine Reihe von Methoden der Worterklärung kennengelernt und auch selbst entwickelt. Bevor wir weitere Möglichkeiten für die Wortschatzarbeit vorstellen, bitten wir Sie, Ihre Techniken der Bedeutungsvermittlung zusammenzustellen. Dazu finden Sie im Beispiel 25 einen Text, in welchem einige Wörter unterstrichen sind.

Beispiel 25

Begegnung im Café

Am besten ist es, ich lasse sie einfach reden. Ich sage nur: Ja, ja, ja, dann merkt sie vielleicht am ehesten, daß ich keine Unterhaltung wünsche.

Doch die Dame in Schwarz mit dem abgezehrten Hals scheint es nicht zu spüren. Sie redet und redet … 5

Ich bereue es schon, daß ich an ihrem Tisch Platz genommen habe. Nervös schaue ich nach der Kellnerin aus. Ob sie mir nicht endlich meinen Kaffee bringt.

Mich interessiert nämlich nicht, ob der Ehemann meiner Tischnachbarin ein guter Mann war, ob er ihr jeden Freitag Blumen mit nach Hause 10 brachte. Was sich solche Menschen denken, wenn sie andere mit ihren Familienangelegenheiten behelligen? Ich bin hierhergekommen, um in Ruhe eine Tasse Kaffee zu trinken. Mich beschäftigt noch der Vortrag über weltweite Probleme. Was ich gehört habe, könnte ein Weg sein zum Nutzen der ganzen Menschheit … 15

Die Kellnerin taucht auf und bringt meinen Kaffee. Ich zahle sofort, gieße den heißen Kaffee in mich hinein, dann stehe ich auf.

„Wollen Sie schon gehen?" fragt die alte Dame, und ihr Gesicht bewölkt sich plötzlich vor Enttäuschung.

„Ich muß", sage ich. 20

„Ach, das ist aber schade, wir haben uns doch so nett unterhalten. Wissen Sie, ich komme nur selten unter Menschen. Mein Mann legte großen Wert auf ein zurückgezogenes Leben. Nun, da er nicht mehr da ist, bin ich so allein. Und heute sagte ich zu mir, du probierst es mal, du gehst mal in das kleine Café, vielleicht triffst du jemand, mit dem du sprechen 25 kannst. Und nun hatte ich das Glück, Sie zu sehen. Es war wirklich schön, wieder mal über all das reden zu können."

Ich war beschämt, als ich das Café verließ. Da hatte ein Mensch seine ganze Hoffnung auf mich gesetzt, und ich, die sich mit dem Gedanken trug, die Menschheit zu verändern, hatte nicht einmal Geduld und 30 Anteilnahme für einen einzigen aufgebracht.

Ilse Schweizer, in: Arnoux/Müller (1985), 100

Aufgabe 23

a) *Schreiben Sie in maximal 10 Minuten spontan auf, mit welchen Worten und/oder Handlungen Sie im Unterricht die folgenden Ausdrücke aus dem Text von Beispiel 25 erklären würden (Bestimmen Sie dabei selbst einen fiktiven Sprachstand Ihrer „Schüler").*

Begegnung
Erklärungen: _____

_____

_____

_____

Café
Erklärungen: _____

_____

_____

_____

abgezehrt
Erklärungen: _____

_____

_____

_____

guter Mann
Erklärungen: _____

_____

_____

_____

Familienangelegenheiten
Erklärungen: _____

_____

_____

_____

allein
Erklärungen: _____

_____

_____

_____

Glück
Erklärungen: _____

_____

_____

_____

b) Versuchen Sie, Ihre Erklärungen folgendermaßen als „Technik" zu bestimmen:

- *Lehrer: „Das hier (zeigt auf einen Kugelschreiber) ist ein Kuli, ein Kugelschreiber" (Technik: „Unterrichtsgegenstand" oder: „Zeigen am Unterrichtsgegenstand"),*

- *Lehrer: „Häßlich bedeutet: nicht schön." (Technik: „Gegenteil nennen", „Antonyme").*

Diese Aufgabe lösen Sie am besten mit Kollegen und Kolleginnen zusammen in Kleingruppen (ca. 20 Minuten).

c) Bestimmen Sie eine Person aus Ihrer Gruppe, die alle gefundenen Techniken mit Hilfe von Beispielerklärungen dem Plenum demonstriert. Dort sollen die verschiedenen Techniken erläutert und gesammelt werden.

Im Plenum erarbeitete Techniken:

1. _____

_____

2. _____

_____

3. _____

_____

4. _____

_____

5. _____

_____

6. _____

_____

7. _____

_____

Kommentar

Wenn Sie fünf oder mehr verschiedene Techniken zur Bedeutungsvermittlung anwenden, sind Sie bereits weiter als 90 % der Lehrerinnen und Lehrer, bei denen wir im Unterricht hospitiert haben, um möglichst viele verschiedene Techniken zu sammeln. Denn Bedeutungserklärungen, so fanden wir heraus, wurden dort wenig variiert: Entweder übersetzten die Lehrenden die unbekannten Ausdrücke, oder sie gaben ausschließlich Paraphrasen*, bestimmten Begriffsmerkmale oder setzten gestische Mittel ein. Knapp die Hälfte aller Bedeutungserklärungen wurde durch diese vier Techniken abgedeckt (vgl. Müller 1981, 145).

Die häufigste Methode bestand allerdings darin, die Bedeutungen unbekannter Ausdrücke gar nicht zu erklären, sondern zu erfragen:

L: *Versteht Ihr „Büro"?*
S: *„Büro" means „office".*
L: *Gut, haben alle das verstanden?*

Lehrende <u>lassen</u> im Unterricht sehr häufig unbekannte Ausdrücke von guten Schülern <u>erklären</u>. Diese bieten jedoch vor allem muttersprachliche Übersetzungen als Erklärung an, sicherlich aus den Gründen, die in den ersten Kapiteln genannt wurden. Die Wortübersetzung ist aber in vielen Fällen nur eingeschränkt als Erklärung gültig. Denn wie wir bereits gesehen haben, entsprechen sich die Bedeutungen vieler Begriffe nicht, so daß die Wortübersetzungen die Lernenden in der falschen Sicherheit wiegen, das fremde Wort verstanden zu haben. Daher müssen andere Formen der Bedeutungsvermittlung als Alternativen gefunden werden, die einerseits präzise Beschreibungen ermöglichen und andererseits auch landeskundliche Aspekte berücksichtigen. Mit diesen landeskundlichen Erklärungskomponenten sollen die Lernenden dazu angeregt werden, komplexere, fremdsprachliche Begriffe auszubilden.

3.2 Was interessiert Lernende an fremden Bedeutungen?

Mit zwölf brasilianischen Lehrern und Lehrerinnen haben wir eine Umfrage durchgeführt, die zeigen sollte, welche Strategien die Lernenden im Unterricht anwenden, wenn sie nach Unbekanntem fragen, und was sie genau wissen wollen. Dazu wurde ebenfalls der im Beispiel 25 abgedruckte Text *Begegnung im Café* herangezogen. Dieser stammt aus einem Lehrwerk (Arnoux / Müller 1985), das sich an Abiturienten in Frankreich richtet, die bereits zwischen 3 und 5 Jahren Deutschunterricht hatten. Bei fortgeschrittenen Deutschlernern kann man davon ausgehen, daß sie über (im Unterricht gelernte und nicht mehr „naive") Strategien verfügen, um fremde Bedeutungseinheiten zu erarbeiten. Wir haben nun in unserem Versuch die Unterrichtenden gebeten, anhand des Textes *Begegnung im Café* diejenigen Ausdrücke zu benennen, nach denen ihre Schüler und Schülerinnen fragen, und genau anzugeben, <u>wie</u> sie nach diesen unbekannten Wörtern fragen.

Die Lehrenden (L 1–L 12) gaben folgende Fragen an, die ihre Schülerinnen und Schüler wahrscheinlich zum Text *Begegnung im Café* stellen würden:

L 1: Was bedeutet *bereuen*?
Was ist *Angelegenheit*?

L 2: In welchem Zusammenhang steht *Vortrag*?
Ist *hineingießen* synonym mit *schlucken* oder nur in diesem Zusammenhang?

L 3: Was bedeutet *behelligen*?
Ist *aufgebracht* das gleiche wie *mitgebracht*?
Kommt *Anteilnahme* von *teilnehmen*?
Hat *bewölkt* etwas mit *Wolke* zu tun?
Ist *abgezehrt décharné*?

L 4: Bitte, was heißt das:
  – *am ehesten*,
  – *spüren*,
  – *ihr Gesicht bewölkt sich*,
  – *ein zurückgezogenes Leben*,
  – *beschämt*,
  – *Anteilnahme*?
Ich verstehe das nicht. Können Sie das bitte erklären?

L 5: Wie heißt *behelligen* auf französisch?
Was bedeutet *bewölkt* auf französisch?
Was ist *abgezehrt*?

L 6: Was ist/was bedeutet:
  – *gieße den heißen Kaffee in mich hinein*,
  – *taucht auf*,
  – *bewölkt sich*,
  – *beschämt*?

L 7: Was heißt:
- *lasse sie einfach reden*,
- *am ehesten*,
- *schaue nach der Kellnerin aus*?

L 8: Was ist ein *abgezehrter Hals*?
Was heißt *behelligen*?
Was bedeutet *die Kellnerin taucht auf*?
Was meint er (der Autor) mit: *gieße den heißen Kaffee in mich hinein*?
Ich verstehe *beschämt* nicht.

L 9: Was bedeutet:
- *am ehesten*,
- *spüren*,
- *nämlich*,
- *an ihrem Tisch Platz nehmen*,
- *gieße den heißen Kaffee in mich hinein*?

L 10: Was heißt:
- *gieße den heißen Kaffee ...* ,
- *ich komme nur selten unter Menschen*,
- *seine ganze Hoffnung auf mich setzen*?

L 11: *spüren* – Ich verstehe nicht, was heißt das?
Was bedeutet *auftauchen*?
Was ist *zurückgezogenes Leben*?
Beschämt – das weiß ich nicht.
Anteilnahme – was bedeutet das?

L 12: Was ist *am ehesten*?
Was bedeutet *bewölkt*?
Ich verstehe nicht: *gieße den ...*

Interpretation

Die Ergebnisse kann man auf verschiedenen Ebenen interpretieren:

1. Die häufigsten Fragen nach Bedeutungen von unbekannten Wörtern lauten: *Was heißt ...?, Was ist ...?* und *Was bedeutet ...?* Bei *Was heißt ...?* könnte man davon ausgehen, daß die Lernenden nicht nur <u>Wortgleichungen</u> herstellen, sondern mit ihrem muttersprachlichen Wort auch die fremdsprachliche Bedeutung erfassen möchten. Wie wir jedoch bereits im letzten Kapitel gezeigt haben, muß die landeskundliche Effektivität dieser Strategie sehr in Zweifel gezogen werden. Bei den anderen Formulierungen könnte man davon ausgehen, daß die Lernenden wirklich am Inhalt, vielleicht sogar am fremdkulturellen Inhalt, des neuen Wortes interessiert sind, denn das Erforschen dessen, „was etwas ist" und „was etwas bedeutet", zielt darauf hin. Ob Lernende jedoch wirklich an Erklärungen zur fremden Bedeutung interessiert sind, hängt davon ab, was für eine Antwort sie auf ihre Frage erwarten. Diese Erwartung wird wiederum dadurch bestimmt, welche Antworten die Lehrenden auf solche Fragen geben (vgl. Kapitel 4.2).

2. Bei allen Antworten der Lehrerinnen und Lehrer haben wir also nachgefragt, welchen <u>Typ von Erklärung</u> die Lernenden mit den verschiedenen Frageformen (*Was heißt ...?, Was bedeutet ...?, Was ist ...?*) erwarten. Bis auf eine Ausnahme gaben alle Lehrenden an, ihre Schüler und Schülerinnen erwarteten eine <u>Wortübersetzung</u> oder fragten so lange nach deutschsprachigen Erklärungen, bis sie den erfragten Ausdruck in die Muttersprache übersetzen können. Dabei gehen Schüler und Schülerinnen davon aus, daß die Bedeutungen von ziel- und muttersprachlichen Ausdrücken übereinstimmen.

3. Interessant ist, daß die Lernenden nicht mehr nach Wörtern fragen, die sie schon „gehabt" (Schülersprache) haben. Wenn eine Wortform einmal erklärt und behalten ist, scheinen die Lernenden davon auszugehen, daß sie – gleich welche Kontexte vorliegen – die Bedeutung dieser Wörter kennen.
Eine solche Haltung ist einerseits verständlich, denn man kann nicht ständig neu nach bereits behandelten Wörtern fragen. Andererseits hat sie auch negative Folgen: Die Lernenden gehen davon aus, daß Bedeutungen nur <u>einmal</u> (= in einem

bestimmten Kontext) gelernt werden. Dadurch können Bedeutungen nicht komplexer werden, sich nicht qualitativ entwickeln.

Erweiterung

Wir möchten das am Beispiel unseres Textes *Begegnung im Café* konkretisieren: Welche Begriffe tragen denn wesentlich zum landeskundlichen Verständnis des Textes bei, und zwar unabhängig davon, ob sie bereits einmal behandelt wurden oder nicht? Diese Begriffe müßten die Schüler und Schülerinnen herausfinden und deren Bedeutung erfragen können. Falls sie dies nicht oder unzureichend tun, müßten die Lehrenden von sich aus entweder Erklärungen geben oder die Bedeutungen dieser Begriffe erfragen (als informelle Überprüfung landeskundlichen Wissens). Wir haben diejenigen Ausdrücke zusammengestellt, nach denen <u>nicht</u> gefragt wurde. Aber gerade sie tragen wesentlich zu einem situativ-kulturellen Verständnis des Textes bei, das bei den Lernenden kaum vorausgesetzt werden kann:

Begegnung: Ist den Lernenden bewußt, daß eine Begegnung ein zufälliges Treffen ohne Kommunikationszwang ist, also die Möglichkeit enthält, an jedem Tisch Platz zu nehmen, ohne daß man mit den Tischnachbarn reden muß?

In Ruhe eine Tasse Kaffee trinken: Stellen die Lernenden einen Bezug zu *Café* her, das oftmals als ruhige Rückzugsmöglichkeit (in der Öffentlichkeit) benutzt wird? Verstehen sie also, daß das Bedürfnis, in Ruhe eine Tasse Kaffee zu trinken, mit den Bedeutungsgepflogenheiten der Institution *Café* übereinstimmt?

Dame in Schwarz: Kann eine elegant gekleidete Dame sein, hier wohl eher ein Hinweis auf ihren Status als Witwe (s. auch Zeile 4 im Text auf Seite 44).

Aufgabe 24

Bestimmen und kommentieren Sie weitere Begriffe aus dem Text „Begegnung im Café" (S. 44), die landeskundlich bedeutsam sind und im Unterricht intensiver behandelt werden sollten (Partnerarbeit, ca. 20 Minuten):

Begriff 1:

_____

_____

Begriff 2:

_____

_____

Begriff 3:

_____

_____

Kommentar

Wir vermuten, daß einige der von Ihnen bestimmten landeskundlichen Begriffe kulturspezifische Bedeutungen enthalten, die die beschriebene Café-Situation überhaupt als solche konstituieren und – als Bedeutungs<u>komplex</u>* – das Gesamtverständnis steuern. Beispielsweise kann man sich in Deutschland – besonders in Kneipen, Gaststätten, manchmal auch in Cafés oder Restaurants – durchaus zu jemanden an den Tisch setzen, wenn man um Erlaubnis bittet. Doch bedeutet weder die Bitte, sich zu jemandem an den Tisch setzen zu dürfen, noch die Zustimmung seitens dieser Person(en) gleichzeitig auch schon eine Gesprächsbereitschaft. Diese müßte in einem zweiten Schritt einer vorsichtigen Annäherung erbeten oder behutsam Schritt für Schritt zwischen beiden Tischnachbarn erst aufgebaut werden. Deutschlernenden, die nicht wissen, was kulturell impliziert wird, wenn man sich zu jemanden an den Tisch setzt, geben daher generell der jungen Frau die Schuld am Scheitern der Kommunikation. Dies geschieht zwar weniger aufgrund einer moralischen Argumentation (wie die

Ich-Erzählerin es selbst tut), sondern aufgrund der Tatsache, daß sie sich erst zu jemandem setzt, dann aber nicht reden will (ein Widerspruch aus ausländischer Perspektive, vgl. die Darstellung „kulturlogischer Verbindungen" in Müller 1980 b, 108). In der Regel sind es also situative Zusammenhänge von Begriffen, begriffliche Netzwerke, die das Verstehen von Texten steuern.

Man kann jedoch nicht voraussetzen, daß die Lernenden solche Beziehungen zwischen den aufgeführten Begriffen, wie z. B. zwischen

- *Dame in Schwarz – alte Dame – allein*,
- *Begegnungen – Unterhaltung – jemanden mit X behelligen – sich nett unterhalten* etc.

kennen, aus denen sie auf kulturelle Aspekte von Einzelbedeutungen schließen könnten. Bei dem Vorwurf der Ich-Erzählerin, die alte Dame *behellige* sie, wird z. B. nicht unbedingt klar, daß sie sich dabei (auch) auf gesellschaftliche Regeln in Deutschland beruft und nicht (nur) einer persönlichen Laune oder Ablehnung folgt. Ähnlich ist beim Begriff *allein* nicht klar, ob die Lernenden wirklich die Interpretation (in einem Einzelhaushalt leben, wenig Kontaktmöglichkeiten haben, kein besonderes Ansehen als *alte Dame* genießen etc.) erkennen und die Gesprächsführung der alten Dame als mögliche Folge dieser Tatsachen ansehen.

Im Text werden solche Begriffsverbindungen und auch Implikationen* angedeutet. Es ist aber unwahrscheinlich, daß fremdsprachige Leser mit dem Erfahrungshorizont ihrer Kultur diese Verbindungen ähnlich wie muttersprachige Leser herstellen. Im Gegenteil, sie werden ohne Hilfestellung seitens der Lehrenden und ohne Sensibilisierung für mögliche fremde Begriffszusammenhänge ihre eigenen kulturellen Interpretationsmuster anwenden.

Hinzu kommt, daß in Texten nicht deutlich genug unterschieden wird (weil eine entsprechende kulturelle Lesekompetenz fehlt),was individuelle Bedeutungsauffassungen und was kulturell akzeptierte Bedeutungskonventionen sind. Eher an ganz bestimmte Situationen gebundene Bedeutungszuweisungen sind beispielsweise:

- ein *guter Ehemann* (jemand, der jeden Freitag Blumen mitbrachte),
- eine Begegnung, die von der alten Dame als *sich nett unterhalten* angesehen wird, während die junge Frau diese als *reden und reden, andere mit Familienangelegenheiten behelligen* beurteilt,
- *ins Café gehen*, um dort vielleicht jemanden zu treffen (aus der Sicht der alten Dame) und um dort ungestört den eigenen Gedanken nachhängen zu können (aus der Sicht der jungen Frau).

Aufmerksam Lesende könnten solche von der geschilderten Situation abhängige Bedeutungen erkennen. Lehrende müßten also überprüfen, ob ihre Lerngruppe diese Bedeutungsgebungen überhaupt bemerkt, und dann feststellen, wie die Lernenden damit umgehen: So, wie es der Text implizit definiert und situativ einschränkt, oder so, wie die Bedeutungen in der eigenen Kultur gültig sind.

Zusammenfassend können wir also feststellen, daß Lernende bei Wörtern, deren Bedeutung sie schon einmal geklärt haben oder die sie glauben erschließen zu können, nicht weiter nachfragen, obwohl nicht feststeht, ob sie z. B.

- die kulturellen Aspekte des Begriffs *Ehemann* kennen,
- wissen, was begrifflich unter *guter Ehemann* zu verstehen ist,
- das Anführen der Eigenschaft eines guten Ehemannes, jeden Freitag Blumen mitzubringen, als individuelle oder wenigstens situative Ausformung des Begriffs seitens der alten Dame auffassen.

Diese Beispiele illustrieren sehr deutlich und vielleicht in überspitzter Weise die Notwendigkeit, Beziehungen zwischen Einzelbedeutungen in die Phase der Bedeutungsvermittlung einzubeziehen. Damit verstärken sie den Eindruck, daß der Beispieltext (wie auch andere) kaum verstanden werden kann, wenn bei Bedeutungserklärungen oder beim Erfragen von Wortbedeutungen nur Wortgleichungen zwischen Zielsprache und Muttersprache hergestellt werden. In vielen Kulturen ist die Eingangssituation, daß sich jemand zu einer unbekannten Person an einen Tisch setzt, entweder unverständlich, oder sie wird auf der Grundlage der eigenen Kultur (*Was bedeutet es, wenn sich jemand so verhält?*) interpretiert. Von vornherein wird der fremdsprachige Leser also vor Interpretationsentscheidungen gestellt, die das Gesamtverstehen wesentlich beeinflussen.

Konsequenz

Wenn nun Lernende trotzdem deutsche Wörter verwenden und mit ihnen Bedeutungen aus der <u>eigenen</u> Kultur verbinden, können sie sich solange mit Deutschen gut verständigen (bzw. spezifisch deutsche Inhalte aus Texten verstehen), wie die eigenen und die fremden (deutschen) Bedeutungen in etwa übereinstimmen. Stimmen Begriffe jedoch mit denen in der Muttersprache der Lernenden nicht ganz überein bzw. gehen sie mit anderen Begriffen <u>kulturspezifische Verbindungen</u> ein, dann ergeben sich Mißverständnisse, Probleme beim tieferen Verstehen und als Resultat falsche Vorstellungen über das andere Land, dessen Bewohner und deren Mentalitäten.

Für die Lehrenden ergibt sich daraus eine umfangreiche und nicht immer einfache Aufgabe: Sie sollten die Phase der Bedeutungsvermittlung in allen ihren Aspekten so gestalten, daß Lernende aus ihr eine Basis gewinnen können für

➤ die Ausformung <u>kulturspezifischer Begriffe,</u>

➤ die <u>Vernetzung von Begriffen</u> unter landeskundlichen oder kulturspezifischen Aspekten,

➤ den Erwerb von allgemeinen <u>Strategien</u>, um Bedeutungsunterschiede vermuten und selbständig erschließen zu können und um auf diese Weise allmählich die Bedeutung von Begriffen aufbauen zu können.

Der gegenwärtige Stand der wortschatzdidaktischen Forschung und Praxis legt diese skizzierte Konsequenz nahe: Vor allem sollen die Lehrenden sich um eine Wortschatzdidaktik bemühen, die Bezüge zur Landeskunde herstellt. Hierzu gehört eine Professionalisierung, d. h. ein Reflektieren, Üben und Umsetzen in die Praxis von allem, was mit Wortschatzvermittlung zu tun hat. Diese Studieneinheit und die im folgenden unterrichtspraktisch dargestellten Techniken wollen für eine solche Professionalisierung Anstöße geben. Wir gehen davon aus, daß der Vermittlungsprozeß (auch zeitlich) effektiviert wird, wenn man die Techniken gelernt und in die eigene Unterrichtspraxis übertragen hat.

Experiment 5

In einem zweiten Kurzexperiment baten wir Bayreuther Studierende des Faches Interkulturelle Germanistik, „aus einer fremden Perspektive" möglichst viele Fragestellungen zu den im Text *Begegnung im Café* genannten, scheinbar bekannten Ausdrücken *Dame in Schwarz, sich nett unterhalten* und *allein* zu formulieren.

Aufgabe 25

a) *Versuchen Sie bitte, gezielt Fragen zu diesen Begriffen zu stellen.*
Dame in Schwarz:

_____

_____

_____

sich nett unterhalten:

_____

_____

_____

allein:

_____

_____

b) Vergleichen Sie Ihr Ergebnis mit den Fragen der Bayreuther Studenten im Lösungsschlüssel.

Ergebnis

Diese Fragen zeigen, daß nach dem Identifizieren der einzelnen Wortbedeutungen noch sehr viele Aspekte der Bedeutung offen bleiben. Sie zeigen andererseits jedoch auch, daß man im Unterricht nicht alle möglicherweise unbekannten Bedeutungseinheiten in Texten nacheinander erklären kann, um ihre kulturspezifischen Bedeutungskomponenten hervorzuheben – dazu fehlt einfach die Zeit. Außerdem kann kein Lehrer alle aktuellen landeskundlichen Implikationen eines Begriffs kennen. Trotzdem kann der landeskundliche Teil einer Wortbedeutung, der die Grundlage zur fremdsprachlichen Begriffsbildung darstellt, nicht ausgespart werden.

In diesem sowie in Kapitel 4 soll daher der Versuch gemacht werden, die Unterrichtsphasen der Bedeutungsvermittlung hauptsächlich von zwei Seiten her zu effektivieren: Zum einen werden mehrere Lehrtechniken der Bedeutungserklärung dargestellt und vermittelt, zum anderen wird ein Instrumentarium für die Lernenden vorgestellt, mit dem sie kulturspezifische Bedeutungskomplexe selbständig erfassen und verarbeiten können.

3.3 Techniken der Bedeutungsvermittlung

Während in Handbüchern zur Methodik des Deutschunterrichts sehr genau gezeigt wird, wie man grammatische Phänomene behandeln kann, gibt es im Bereich der Wortschatzarbeit kaum detaillierte Hinweise für eine gezielte schrittweise Bedeutungsvermittlung. Wir haben deshalb auf den nächsten Seiten Vorschläge zusammengestellt, die Ihnen bei der Bedeutungsvermittlung im Unterricht helfen können. Sie enthalten konkrete, auf die Unterrichtspraxis bezogene Schritte und Techniken der Bedeutungserklärung (skills* bzw. teaching skills*).

Eine erste Serie von Vermittlungsfertigkeiten (s. Techniken 1 – 25, S. 61 f.) wird in der Studieneinheit *Probleme der Wortschatzarbeit* genau beschrieben. Sie zeigen, daß Lehrende nicht nur auf die Muttersprache der Lernenden zurückgreifen müssen, um Bedeutungen zu vermitteln.

Hinweis

Im vorliegenden Kapitel werden vor allem diejenigen Techniken ausführlich dargestellt, die sich zur Erklärung von konventionalisierten Vorstellungen (Begriffe) besonders eignen. Diese Erklärungen sollen (vgl. Kapitel 2.4.1, Jahresplanung 2, S. 37/38) im Verlauf des Sprachkurses zyklisch wiederaufgenommen und vertieft und ergänzt werden.

Die folgenden Einzelfertigkeiten (skills) wurden nach Unterrichtsbeobachtungen und -analysen erarbeitet (Müller 1981) und für die Präsentation hier ergänzt. Sie sollen als Lehrerin oder Lehrer

Ziele

➤ durch die Erarbeitung dieser Techniken möglichst viele verschiedene Methoden der Bedeutungsvermittlung kennen und anwenden lernen, um dadurch den Unterricht abwechslungsreicher gestalten zu können (Abwechslung),

➤ durch die Anwendung verschiedener Techniken im Laufe der Zeit feststellen können, welche Inhalte durch welche Erklärungen am besten vermittelt werden können (Effektivität, Adäquatheit) und

➤ sich durch das Beherrschen dieser formalen Unterrichtstechniken besser auf die Inhalte der Erklärungen und die Reaktionen der Lernenden konzentrieren können (Inhaltsbezug).

Problem

Kehren wir zum Unterrichtsalltag zurück. Stellt ein Lehrender durch seine Erklärungen denotative Bedeutungsaspekte eines fremden Ausdrucks dar, und finden die Lernenden dann ihren muttersprachlichen Ausdruck dafür (dem Unterrichtenden wird er – wie gesagt – nicht selten als Verständniskontrolle angeboten), wird die Bedeutungserklärung in der Regel beendet. Und das, obwohl im Grunde „nur" ein muttersprachliches Wort für ein zielsprachliches gefunden wurde („nur" steht in Anführungszeichen, weil das Finden des muttersprachlichen Ausdrucks auch schon eine Leistung ist). Unter landeskundlichen Aspekten ist man an dieser Stelle nicht weiter als bei vielen der schon beschriebenen Erklärungen der Wortbedeutungen oder bei der einfachen Anwendung von Wortübersetzungen: *Brot* bedeutet *pain*, *bread* oder *pan*.

Dieses Verfahren verstärkt die Haltung der Lernenden, die Bedeutungen des fremdsprachlichen und muttersprachlichen Wortes begrifflich gleichzusetzen, so als läge bei den Menschen in beiden Kulturen eine identische begrifflich-konventionalisierte Vorstellung vor. Landeskundlich verloren ist dabei zweierlei:

1. Die Erklärung und die kontextlose Behandlung fremder Bedeutungen führen aus der gegebenen Lektion, aus dem Text und seiner kulturellen Einbettung heraus. Mögliche Bezüge zu anderen Begriffen des gegebenen Kontextes (z. B. zwischen *allein* und *alte Frau* oder *Brot* und *Abendessen*) werden dabei nicht aufgedeckt. Textuell, d. h. im gegebenen Bedeutungsgefüge, werden die fremden Bedeutungseinheiten also nicht situiert, im Gegenteil: Diese Erklärungstypen führen von möglichen vorhandenen landeskundlichen Kontexten weg und erscheinen abstrakt und kulturneutral. Damit kann der Lernende auch keine erste kontextgebundene Begriffshypothese bilden, die er als Grundlage oder Anstoß für die Bildung eines neuen, auf die fremde Bedeutung ausgerichteten Begriffs benötigt.

2. Die Erklärungen geben den Lernenden allgemein wenig Anknüpfungspunkte dafür, neben dem muttersprachlichen Begriff einen fremdsprachlichen zu entwickeln, der einen neuen Abstraktionsprozeß in Gang setzt.

Deshalb müssen diese Formen der Bedeutungsvermittlung, die ja wichtig sind zum ersten Identifizieren des zu erklärenden Gegenstandes, um solche ergänzt werden, die landeskundliche Bezüge herstellen. Letztere wurden bei einigen der vorgestellten Beispiele für Bedeutungserklärungen bereits angedeutet (vgl. S. 45f. und S. 97f.), denn manche davon enthielten mehr als das, was zur Identifizierung des „Gegenstandes" gebraucht wird.

Lösungsvorschlag

Bis jetzt haben wir Ihnen vor allem die Gründe und Notwendigkeiten für eine landeskundlich orientierte Bedeutungsvermittlung erläutert. Im folgenden sollen Sie nun verschiedene Methoden kennenlernen, die Ihnen in der praktischen Unterrichtsarbeit helfen, Ihren Schülerinnen und Schülern Lernstrategien zur Erschließung fremder Begriffe so zu vermitteln, daß sie diese im Unterricht und auch außerhalb des Unterrichts anwenden können.

Dazu sind mehrere Schritte vorgesehen:

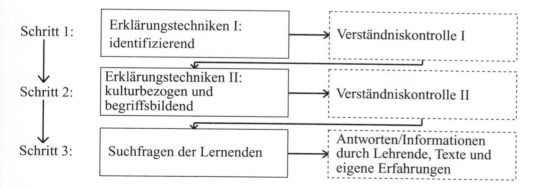

Überblick

Schritt 1: Bei diesen Techniken geht es darum, zu erklären, um welchen Gegenstand es sich handelt (Identifizieren). Sie werden ausführlich in der Studieneinheit *Probleme der Wortschatzarbeit* beschrieben.

Erklärung

Schritt 2: Die im folgenden vorgestellten Techniken stellen eine qualitative – und nicht nur quantitative – Erweiterung der Erklärungstechniken der Studieneinheit *Probleme der Wortschatzarbeit* dar. Dort wurden als Ziele der behandelten Techniken die Effektivierung der Vermittlungsphase, Abwechslung bei der Bedeutungserarbeitung, und die Möglichkeit der Konzentration auf die <u>Inhalte</u> der Erklärungen sowie auf die Reaktion der Lernenden genannt. Mit den in der vorliegenden Studieneinheit dargestellten Techniken der Bedeutungserklärung wenden wir uns nun speziell den begrifflichen Aspekten der Wortbedeutung, d. h. den kulturspezifischen, konventionalisierten zu, die im weiteren durch entsprechende kulturbezogene <u>Techniken der Verständniskontrolle</u> ergänzt werden.

Schritt 3: Diese Techniken – wenn sie von den Lernenden selbst angewandt werden – fördern ebenfalls das kulturbezogene Verstehen. Sie werden in Kapitel 5 ausführlich behandelt.

Wir wollen uns nun mit den Techniken vertraut machen, mit denen eine landeskundlich-begriffliche Vertiefung der Erklärungsgegenstände praktisch erreicht werden kann (vgl. Schritt 2). Sie sollen den Lernenden die notwendige Hilfe bei der bedeutungsmäßigen Erschließung von fremdkulturellen Begriffen geben. Hierzu dienen auch die Techniken der Verständniskontrolle (vgl. Schritt 3).

3.3.1 Bedeutungserklärung (BE): Einzeltechniken (BE 1 – BE 10) zur Förderung einer kulturspezifischen Begriffsbildung

Im folgenden möchten wir Sie mit Möglichkeiten von Erklärungen bekannt machen, die in verschiedenen Formen auf kulturspezifische Bedeutungen eingehen und den Lernenden zum Begriffslernen führen, d. h. zur Erarbeitung einer konventionalisierten begrifflichen Vorstellung. Dabei wird der Erklärungstyp BE 1 – 10 (Technik 1 – 10) zuerst definiert, dann mit zwei Beispielerklärungen (a + b) illustriert und schließlich kommentiert (Erklärung).

BE 1: Einzelbegriff

Den unbekannten Ausdruck so eng an die Komponenten einer gegebenen Situation (Text) binden, daß er dem Lernenden als Einzelbegriff erscheint, den es nur in einem Kontext gibt:

a) *Nett* ist, wenn man seiner Frau jeden Freitag Blumen schenkt.

b) Das hier (Lehrer hält den *Stern* hoch) ist eine *Illustrierte*.

Einzelbegriffe in diesem Sinne treten relativ häufig auf; sie bilden sich bei den Lernenden sowohl aufgrund eigener Beobachtungen heraus als auch durch Erklärungen, die den Begriff zu eng an einen bestimmten Erklärungskontext binden und damit (wie im Beispiel b – *Illustrierte*) den Lernenden zuwenig Möglichkeiten zum Generalisieren geben. Falls das Titelblatt-Foto der *Stern*-Ausgabe eine spärlich bekleidete Frau zeigt, führt die Erklärung in Beispiel b dazu, daß Lernende den Begriff *Illustrierte* automatisch als „Zeitschrift mit pornographischen Inhalten" (Männermagazin) bilden. Ein Nachteil bei der Bildung von Einzelbegriffen ist, daß man von ihnen aus gern weitreichende Generalisierungen ableitet (ähnlich den Beispielen von S. 29f. dieser Studieneinheit). Ein möglicher Vorteil besteht darin, daß man nicht gleich auf der Basis der eigenen Kulturerfahrungen Äquivalente bildet, sondern daß man die Bedeutung dieses Einzelbegriffs im Verlauf des Unterrichts, also mit zunehmender Information über ihn, schrittweise und bezogen auf die Zielkultur erweitern kann.

BE 2: Ober-/Unterbegriff

Mit Hilfe von Begriffsmerkmalen und/oder eines semantischen Feldes den Begriff in ein System von Ober- und Unterbegriffen einordnen:

a) *Gehen in der Natur* ist der Oberbegriff für *Wandern, Spazierengehen* u. ä. Ein *Spaziergang* ist kürzer als eine Wanderung; man geht anders, und man ist vor allem nicht so sportlich angezogen wie beim Wandern. Eine *Wanderung* besteht meist aus längerem Gehen und Picknick oder Brotzeit, Kaffeetrinken oder Ins-Wirtshaus-Gehen usw. Man beginnt eine Wanderung oft an einem bestimmten (Treff-)Punkt und hat meistens ein Ziel.

b) *Großzügig* ist ein Ausdruck zur positiven *Charakterisierung von Personen*, wie auch *freundlich, sympathisch, humorvoll, tolerant, hilfsbereit, ehrlich, ordentlich, direkt* (im Sinne von: er/sie sagt, was er/sie denkt). Großzügige Menschen sind freigiebig, tolerant; sie setzen sich über Unwichtiges hinweg und sind spendabel.

Bedeutungen sind im Gedächtnis hierarchisch strukturiert. Daher hilft es den Lernenden beim Verstehen fremder Begriffe, wenn sie diese unter einen generalisierenden Oberbegriff einordnen können und wenn sie relevante, oft kulturspezifische Unterbegriffe kennenlernen.

BE 3: Prototyp

Mit Hilfe eines kulturspezifischen Prototyps angeben, nach welchen Vorstellungen sich Unterbegriffe möglicherweise differenzieren lassen:

a) Bei *Stadt* als Prototyp denken die meisten Menschen vor allem an die Großstadt mit reichhaltigem kulturellen Angebot, etwa wie in einer Universitätsstadt. Solche Städte findet man häufig in Deutschland, weil es kaum Millionenstädte gibt.

b) *Ferien machen* verbindet sich häufig mit der Vorstellung, im Ausland, wo es warm ist, zwei bis drei Wochen am Meer (Strand) zu sein und sich bräunen zu lassen.

Prototypen sind keine Stereotypen; sie geben an, was in einer bestimmten Gesellschaft regelmäßig von vielen als Bewertungsnorm genommen wird, um Begriffe zu ordnen. So sind Ferienbeschäftigungen wie *Fischen, Wandern* etc. „weniger Ferien" als eben *Badeferien*, auch wenn sich regelmäßig Wanderfreunde, Kletterer, Radler und andere von diesem Prototyp bewußt absetzen – und ihn damit indirekt bestätigen.

BE 4: Konnotationen

Kulturspezifische Bedeutungsassoziationen geben:

a) Mit *grün* assoziieren viele das Grün in der Natur, das Leben, die Hoffnung. Die Partei *DIE GRÜNEN* hat sicher auch deshalb diesen Namen gewählt.

b) Bei *Chinese* kommen uns in Deutschland Gedanken wie höflich, formell, Lächeln, Pokergesicht ... , alles Assoziationen, die vielleicht nur stereotyp sind.

Assoziationen verdeutlichen Kulturunterschiede auf sehr einfache Art und enthalten – und das sollte man immer beachten – oft stereotype Vorstellungen. Dies hängt zum Teil damit zusammen, daß bei Umfragen viele auf die Frage *Was fällt Ihnen beim Wort x ein?* antworten, als hätte man sie als Repräsentanten einer Gruppe gefragt: *Was fällt den Leuten immer ein, wenn sie x hören?*

BE 5: Historische Begriffsentwicklung

Zeigen, wie sich der Inhalt eines Ausdrucks (die konventionalisierte begriffliche Vorstellung) im Laufe der gesellschaftlichen Entwicklung verändert hat (bei gleicher/ähnlicher Wortform):

a) *Reisen* bedeutete früher eine sehr beschwerliche und meist lang dauernde Tätigkeit. Man unternahm Reisen, u. a. um etwas zu erforschen, um Handel zu treiben etc., und man mußte sich auch auf sehr viele Gefahren einstellen.

b) *Familie* bedeutet: Eltern, die miteinander verheiratet sind, und ihr Kind/ihre Kinder. Früher wurde dagegen meist die gesamte Verwandtschaft damit bezeichnet, die Blutsverwandtschaft, also auch die Großeltern, Onkel, Tanten, Cousins etc., und vor dieser Zeit war die Familie eine Gruppe von Personen, die in einem Haus, unter einem Dach lebten und arbeiteten. Die Hausangestellten gehörten früher also mit dazu. Ein Grund, warum Familien kleiner geworden sind, liegt darin, daß sie im allgemeinen kaum noch eine Arbeitsgemeinschaft bilden, wie man sie eventuell noch auf Bauernhöfen findet.

Die bisherigen Erklärungen haben vor allem deutlich machen können, daß hinter neuen Wörtern ganz spezifische Konventionen und Verhältnisse stecken und wie diese aussehen. Historische, ebenso politisch-ökonomisch geprägte Erklärungen geben die Grundlagen für Vergleiche, warum es zwischen Kulturen zu Unterschieden gekommen ist. Mit Hinweisen auf historische Begriffsentwicklungen sollten Lehrende das Interesse für die Ursachen der bereits bekannten Kulturunterschiede wecken.

BE 6: Anbindung an ein Kulturspezifikum

Bei der Erklärung des Ausdrucks einen Hinweis auf Kulturspezifisches geben:

a) *Wohnung* ist das, wo eine Einzelperson oder eine Familie lebt. Viele Wohnungen sind mit Gegenständen geschmückt, durch die die Bewohner ihren persönlichen Stil, ihre Individualität (Geschmack, Reise-Erinnerungen etc.) ausdrücken möchten.

b) *Freiheit* bedeutet generell: ohne größere Beschränkungen nach eigenen Wünschen und Vorstellungen handeln zu können. Was als Beschränkung empfunden wird, ist oft sehr spezifisch für eine Kultur. Manche Deutsche sehen es als Einschränkung ihrer persönlichen Freiheit an, wenn beispielsweise der Staat ein generelles Tempolimit auf Autobahnen verfügt.

Erklärung

Indem ein erstes Kulturspezifikum bei der Erarbeitung eines Begriffs genannt wird, ist der Anstoß zur Entwicklung einer komplexeren begrifflichen Vorstellung (vgl. BE 7) gegeben.

Technik 7

BE 7: Kulturspezifisches Bedeutungssystem

Definition

Den zu erklärenden Ausdruck in ein Bedeutungssystem stellen, das in dieser Art vor allem in der Zielkultur – hier also in Deutschland – besteht:

Unterrichtsbeispiele

a) *Kaffeetrinken* bedeutet zwar auch, daß man Kaffee zu sich nimmt, aber gleich wichtig ist das → Reden, → das Kuchenessen, das → gemütliche Beisammensein. Jemanden, den man → näher kennenlernen möchte, z. B. den zukünftigen Schwiegersohn oder einen ausländischen Gast, lädt man gern zuerst zum → Kaffeetrinken zu sich nach Hause ein. Auch das → Familien-Kaffeetrinken am Sonntag ist für manche ein Ritual.

b) *Fahrrad* hat einerseits einen sehr hohen → Freizeitwert; für gute Fahrräder, Rennräder oder Mountainbikes geben immer mehr Leute viel Geld aus, auch für Kinderräder. Viele Familien machen in der Freizeit längere → Radtouren. Auf der anderen Seite ist das Fahrrad als → umweltfreundliches Verkehrsmittel zur Zeit sehr in Mode. Es gibt → Radlervereine und Gruppen, die sich aus ökologischen Gründen für ein Verkehrskonzept im städtischen Straßenverkehr einsetzen, das die vielen Radfahrer stärker berücksichtigt und für mehr → Radwege sorgt.

Erklärung

Bei dieser Erklärungstechnik soll gezeigt werden, daß Begriffe mit anderen Begriffen spezifische Verbindungen eingehen (durch → markiert), die durch Alltag, Wirtschaft oder Politik bedingt sind. Den Lernenden soll die Möglichkeit geboten werden, ein fremdkulturelles Begriffsumfeld für den neuen Begriff zu bilden, um ihn nicht isoliert in Kontexte der eigenen Kultur einbetten zu müssen.

Technik 8

BE 8: Abgrenzung zur muttersprachlichen Bedeutung

Definition

Einen Begriff durch einen bewußt abgrenzenden Bezug zur Kultur und Sprache der Lernenden erklären:

Unterrichtsbeispiele

a) Ein *Frühstück* ist schon ein umfangreicheres Essen: Es besteht meist aus Brot, Brötchen, manchmal Marmelade, Käse, Wurst, an besonderen Tagen auch einem Ei, und bedeutet nicht nur eine schnelle Tasse Kaffee im Vorübergehen, so wie z. B. in Frankreich in einer Bar/einem Bistro.

b) *Ältere Leute* haben in Japan ein viel höheres gesellschaftliches Ansehen als in Deutschland. Während in Japan ältere Leute oft bis zu ihrem Tod bei einem ihrer Kinder im Haushalt leben, wohnen fast alle älteren Menschen in Deutschland allein, wenn ihre Kinder im Alter zwischen 20 und 30 Jahren eine eigene Familie gründen. Wirtschaftlich sind die meisten durch ihre Rente relativ unabhängig, viele fühlen sich aber einsam. So organisieren sie in ihrer freien Zeit viele Aktivitäten unter sich; sie reisen zum Beispiel gern. Beliebt sind vor allem 1 – 3 Tagesreisen mit dem Bus. Dadurch sind sie viel mobiler als ältere Menschen in Asien.

Erklärung

Die erklärende Abgrenzung von Begriffen mit landeskundlich spezifischen Inhalten ist im Grunde das, was bei jedem Kulturkontakt geschieht. Nur wird hier versucht, nicht nur einzelne Aspekte des zu erklärenden Begriffs mit einem Begriff in der anderen Kultur in Beziehung zu setzen, sondern auch Bedeutungsvernetzungen, die für das landeskundliche Lernen besonders wichtig sind (vgl. Kapitel 2.5), zu berücksichtigen.

Technik 9

BE 9: Kulturspezifische Gegenthemen/-begriffe

Definition

Bedeutungen in Kontrast zu kulturspezifischen Oppositionen setzen:

Unterrichtsbeispiele

a) Ein *Fernseher* ist ein Unterhaltungs- und Nachrichtenmedium, das jeder kennt. Wichtige Aspekte der Bedeutung von Fernseher kann man erkennen, wenn man überlegt, was es in Deutschland bedeutet, *keinen Fernseher zu haben*. Dies heißt nämlich nicht unbedingt, daß man kein Geld hat, um sich einen Apparat zu kaufen.

Es kann z. B. eher die Ablehnung „billigen Kulturkonsums und anspruchsloser Unterhaltung" ausdrücken, nämlich daß man sich lieber aktiv mit kulturellen und gesellschaftlichen Themen auseinandersetzt, gute Bücher oder Zeitschriften liest, sich Zeit nimmt für Theaterbesuche oder Kunstausstellungen etc. oder einfach seine Ruhe haben will, um das Familienleben zu pflegen.

b) Ein – kulturspezifischer – Gegenbegriff zu *Garten* ist der *Naturgarten*: Anstelle eines gepflegten und künstlich erhaltenen Gartens legen viele Hausbesitzer sogenannte „Naturgärten" an. Sie lehnen – oft bewußt – die Ordnung in anderen Gärten oder Vorgärten ab, die ihnen zu sauber, zu künstlich ist, mit immer kurz geschnittenen Rasenflächen, den genau abgegrenzten Blumenbeeten und Zierpflanzen. Naturgärten werden so angelegt und gepflegt, daß Blumen auf den Wiesen wachsen, Schädlinge nicht durch Pestizide bekämpft werden und eine Vielfalt an Pflanzen (auch: „Unkraut") angestrebt wird.

Begriff und Gegenbegriff bedingen und bestimmen sich oft gegenseitig. Anhand von Gegenbegriffen oder -themen wird daher oftmals viel eher deutlich, wie Alltagsbedeutungen (in unserem Beispiel *Fernsehen, Garten*) in einem kulturspezifischen Sinn verstanden werden.

Erklärung

BE 10: Übertragene Bedeutung

Technik 10

Bei der Erklärung den Gebrauch des Wortes im übertragenen Sinn deutlich machen und begründen:

Definition

a) *Esel* heißt hier: dummer Mensch oder eher: dummer Mann/Junge. Im Deutschen werden oft Tierbezeichnungen benutzt, um andere Menschen zu beleidigen (*Hund, Sau, Kamel, Angsthase* …). Warum das so ist, wissen wir nicht genau, denn die meisten Deutschen sind sonst sehr tierlieb, fast zu tierlieb, wie viele Ausländer oft sagen.

Unterrichtsbeispiele

b) Ein *Mauerblümchen* zu sein heißt: schüchtern, zurückhaltend zu sein und deshalb in einer bestimmten Situation (z. B. beim Tanzen) isoliert, ohne Partner zu bleiben.

Übertragene Bedeutungen und die Hintergründe ihrer Herausbildung spiegeln in der Regel kulturspezifische Werte, Ordnungsmuster bzw. Begriffsbildungen wider.

Erklärung

Die folgende Übersicht faßt die einzelnen Techniken der Bedeutungserklärung zusammen.

Entwickeln Sie bitte für jede Technik ein eigenes Beispiel für eine kulturbezogene Bedeutungserklärung.

BE 1: Einzelbegriff:

_____

BE 2: Ober-/Unterbegriff

_____

BE 3: Prototyp

_____

BE 4: Konnotation

_____

BE 5: Historische Begriffsentwicklung

_____

BE 6: Anbindung an ein Kulturspezifikum

_____

Aufgabe 26

BE 7: Kulturspezifisches Bedeutungsfeld

_____

BE 8: Abgrenzung zur muttersprachlichen Bedeutung

_____

BE 9: Kulturspezifische Gegenthemen/-begriffe

_____

BE 10: Übertragene Bedeutung

_____

Kommentar

Wie Sie sehen, wird mit diesen Techniken der Bedeutungserklärung (vgl. S. 54ff.) mehr als eine bloße Übersetzung und Übertragung in die Muttersprache gegeben. Die Bedeutungen werden hier so präsentiert, daß sie in einem situativ-kulturellen Kontext erscheinen. Die Lernenden werden angeregt, die Bedeutung fremdsprachlicher Begriffe zu erschließen, und sie werden dadurch schrittweise mit dem fremdsprachlich-kulturspezifischen Begriffssystem und dem entsprechenden landeskundlichen Wissen vertraut gemacht. Erst hierdurch werden die wesentlichen Unterschiede zur eigenen Kultur erkennbar, die sich aus den verschiedenen Bedeutungssystemen ergeben (und nicht nur aus äußerlichen Abweichungen in der Erscheinungsform des Gegenstandes).

Hinweis

Bevor Sie sich weiter und näher mit den zehn Techniken beschäftigen, muß zu den oben gegebenen Beispielen angemerkt werden, daß in ihnen mehrere Techniken zur Anwendung kommen können. Einige von ihnen setzen auch ein relativ hohes sprachliches Niveau voraus und müssen deshalb für den Anfängerunterricht modifiziert werden. Sie wurden hier aber so eingeführt, um die Möglichkeiten und Funktionen der einzelnen Techniken der Bedeutungsvermittlung möglichst umfassend deutlich zu machen.

Die nächsten Abschnitte enthalten auch Erklärungen und Übungsformen, deren sprachliches Niveau Unterrichtssituationen der Grundstufe stärker einbeziehen.

3.3.2 Zur Methodik kulturbezogener Bedeutungserklärungen

Überblick

Im folgenden werden die dargestellten Techniken der Bedeutungsvermittlung in einen weiten Rahmen unterrichtspraktischer Überlegungen zur Wortschatzdidaktik gestellt. Dabei wird grundsätzlich davon ausgegangen, daß Bedeutungserklärungen in zwei unterschiedlichen Unterrichtsphasen mit je unterschiedlichen Funktionen auftreten:

Phase I: Erklärungsgegenstand identifizieren

Lehrende wenden Techniken an, die dazu führen, daß die Lernenden zunächst einmal verstehen, um welchen Erklärungsgegenstand es überhaupt geht (denotative Wortbedeutung; vgl. Kap. 2.1): *Eis* als gefrorenes Wasser, *Heizung* als Wärmequelle, *Hauptstadt* als (Groß-)Stadt eines Landes mit Regierungssitz.

Hinweis

Vergleichen Sie hierzu die Erklärungstypen auf S. 61f.: *Wort, Hilfsmittel, Klassensituation, Alltagswissen/-logik.*

Phase II: Erklärungsgegenstand als kulturgebunden darstellen

Wenn die Lernenden eine Vorstellung von der denotativen Bedeutung eines Wortes haben, muß diese durch Einbettung in fremdkulturelle Kontexte (vgl. Kapitel 2.3, S. 29ff.) kulturspezifisch erweitert werden.

Erklärung

In der Anfangsphase des Unterrichts sollten diese beiden Phasen systematisch getrennt werden und aufeinander folgen. Erst wenn die Lernenden die Lehr-/Lernstrategien verstanden haben, daß Phase I sozusagen eine Zeige-Handlung – im Sinne von „darum geht es" – als Grundlage für die eigentliche <u>Erklärung</u> in Phase II darstellt, können beide Phasen miteinander verbunden werden. Oft muß allerdings aus Zeitgründen auf

Phase II verzichtet werden. Dies berührt dann jedoch die interkulturelle Ausrichtung der Bedeutungsvermittlung nicht substantiell, wenn sich die Lernenden den prinzipiellen Zweierschritt der Bedeutungserklärung angeeignet haben und auf spätere kulturbezogene Erklärungen (auch in leicht abweichenden Kontexten bzw. durch Gegenbegriffe) warten (oder – besser noch – diese Leerstelle durch eigene Lektüre, Kontakte mit Deutschsprachigen, Beobachtungen in Deutschland, d. h. durch eigenes Suchen, auffüllen [vgl. Kap. 5]).

3.3.3 Identifikation von Einzeltechniken

Im folgenden geht es darum zu lernen, in längeren Erklärungen einzelne Techniken der Bedeutungsvermittlung zu erkennen. Dazu soll in einem ersten Schritt überlegt werden, wie Lehrende – explizit oder implizit – auf sprachlich und kulturell bedingte besondere Schwierigkeiten ihrer Lernergruppe eingehen.

Lesen Sie zunächst den Text „In der Studentencafeteria" aus Beispiel 26.

Aufgabe 27

Beispiel 26

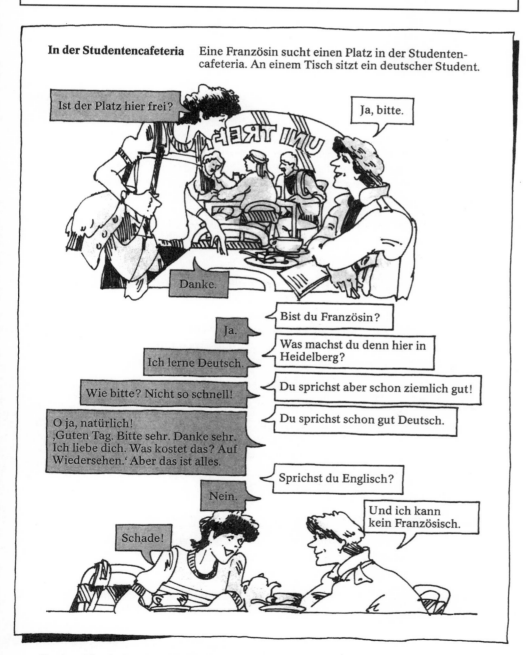

Vorderwülbecke/Vorderwülbecke (1991), 24

Lesen Sie die folgenden Bedeutungserklärungen 1 – 5, und ergänzen Sie die Kommentare. Auf welche Verstehensprobleme Ihrer Lernenden würden Sie besonders achten müssen?

Hypothetische Bedeutungserklärungen (in der Reihenfolge des Textes):

Erklärung 1: *„Studentencafeteria" ist eine Cafeteria für Studenten, wo man Kaffee trinkt, Zeitung liest, sich erholt und für wenig Geld eine Kleinigkeit essen kann. Man erholt sich dort vom Studieren, und dabei ist die Kommunikation, die Diskussion mit anderen wichtig. Manche Studentinnen und Studenten lesen auch ihre Mitschriften nochmals durch. Das ist fast so wie in französischen Bars in der Nähe der Uni.*

Kommentar: *Abgrenzung zu „Kneipe" nur durch den Hinweis, daß einige in der Cafeteria auch studieren, das heißt lesen oder Seminarthemen diskutieren.*

Verstehensprobleme: _____

_____

Erklärung 2: *„Student" ist ein junger Mann, der an einer Universität oder an einer Fachhochschule studiert, also nicht mehr in die Schule geht. Studenten haben nicht immer ein hohes Prestige in der Gesellschaft. Einige müssen nebenbei arbeiten, viele bekommen eine staatliche Unterstützung oder leben vom Geld der Eltern. „Student" kommt übrigens von „studieren".*

Kommentar: *Abgrenzungsversuch zu Schüler, Ansatz einer Einbettung in gesellschaftliche Werte.*

Verstehensprobleme: _____

_____

Erklärung 3: *„Studieren" bedeutet, sich an einer Universität wissenschaftlich, intellektuell mit etwas zu beschäftigen, ein Problem zu analysieren.*

Eine fremde Sprache, z. B. Deutsch, „lernt" man in einer Schule oder in einem Sprachinstitut.

Kommentar: _____

_____

Verstehensprobleme: _____

_____

Erklärung 4: *„Französin" – eine Frau aus Frankreich. Der Student erkennt sie an ihrem Akzent: „Ist diesär Blats ier frei?" (Lehrer ahmt französischen Akzent nach). Diesen Akzent und Französinnen allgemein finden Deutsche sehr sympathisch. Bei „Französin" denken viele deutsche Männer an Paris, an eine romantische Beziehung… Umgekehrt ist das nicht so.*

Kommentar: _____

_____

Verstehensprobleme: _____

_____

Erklärung 5: *„Englisch sprechen", das können fast alle Studierenden in der Bundesrepublik Deutschland. Daß man Englisch sprechen oder einen*

Computer bedienen kann, wurde inzwischen zu einer neuen Kulturtechnik in Deutschland. Englisch ist eine Art Verkehrssprache unter jungen Leuten bei internationalen Kontakten. Deshalb fragt der Student auch danach. – Übrigens, wenn ein Deutscher keine Fremdsprache gelernt hat und nicht einmal ein paar Sätze Englisch kann, wird er oft als ungebildet angesehen.

Kommentar: _____

_____

Verstehensprobleme: _____

_____

Kreuzen Sie an, welche Einzeltechniken die Erklärungen 1 – 5 aus Aufgabe 28 enthalten. Benutzen Sie dazu das folgende Schema.

Diese Liste ist eine vollständige Aufzählung der in dieser Studieneinheit akzentuierten kulturbezogenen Techniken zur Bedeutungserklärung (26 – 35) und führt zur Vollständigkeit die kulturneutralen Techniken 1 – 25 (vgl. „Probleme der Wortschatzarbeit") mit auf.

Aufgabe 29

⟶

Techniken der Bedeutungsvermittlung*

Schema

Wort: Erklärung des fremden Ausdrucks durch	Studentencafeteria (Erkl. 1)	Student (Erkl. 2)	studieren (Erkl. 3)	Französin (Erkl. 4)	Englisch sprechen (Erkl. 5)
1. Wortableitung					
2. Synonyme					
3. Über-/Unterordnung: Abgrenzung zu bedeutungsähnlichen Wörtern					
4. Antonyme					
5. Fremdwörter					
6. Übersetzung					
7. Paraphrase					
8. Definition					
9. Kollokation					
10. Idiom*					
Hilfsmittel: Erklärung des fremden Ausdrucks durch					
11. Anschauungsobjekt					
12. Zeichnung					
13. Bild					

	Studentencafeteria (Erkl. 1)	Student (Erkl. 2)	studieren (Erkl. 3)	Französin (Erkl. 4)	Englisch sprechen (Erkl. 5)
Hilfsmittel: Erklärung des fremden Ausdrucks durch					
14. authentische Dokumentation (Foto/Video)					
15. Handlungen					
16. Gestik/Mimik					
17. Vorspielen					
Klassensituation: Erklärung des fremden Ausdrucks durch					
18. Bezug auf Teilnehmer					
19. Bezug auf Vorwissen von Teilnehmern					
20. Bezug auf bekannte Lektion					
21. Beschreibung einer neuen Situation					
Alltagswissen/-logik: Erklärung des fremden Ausdrucks durch					
22. mentales Anschauungsobjekt*					
23. Finalkonsequenz*					
24. Kausalkonsequenz*					
25. Temporalkonsequenz*					
Kulturspezifische Begriffsbildung: Erklärung des fremden Ausdrucks durch					
26. Einzelbegriff (BE 1)					
27. Ober-/Unterbegriff (BE 2)					
28. Prototyp (BE 3)					
29. Konnotationen (BE 4)					
30. historische Begriffsentwicklung (BE 5)					
31. Anbindung an ein Kulturspezifikum (BE 6)					
32. kulturspezifisches Bedeutungsfeld (BE 7)					
33. Abgrenzung zur muttersprachlichen Bedeutung (BE 8)					
34. kulturspezifische Gegenthemen/-begriffe (BE 9)					
35. übertragene Bedeutung (BE 10)					

Die Techniken 1–25 sind als nicht kulturorientierte Erklärungstypen hier der Vollständigkeit halber aufgeführt. Sie brauchen sie nicht im strengen Definitionsrahmen zu verstehen, wie sie in der Studieneinheit *Probleme der Wortschatzarbeit* aufgeführt werden, sondern können sie nach Ihren Vorstellungen als Anregung benutzen.

3.4 Didaktische Konsequenzen

Im folgenden haben Sie Gelegenheit, mit den angeführten Techniken zu experimentieren und sie mit Ihrem Repertoire an Erklärungstechniken in Beziehung zu setzen. Dazu ist es günstig, wenn Sie in einer Gruppe von 4 bis 5 Personen arbeiten.

Aufgabe 30

a) *Gliedern Sie einen beliebigen Text (möglichst einen Dialog) in vier- bis fünfzeilige Abschnitte, und wählen Sie etwa fünf Wörter aus.*

b) *Bereiten Sie eine ausführliche Bedeutungsvermittlung vor, indem Sie die Bedeutungserklärungen simulieren. Benutzen Sie dabei in Phase 1 die identifizierenden Techniken 1–25 (S. 61f.), um den Erklärungsgegenstand zunächst zu bestimmen. (Sie können so vorgehen, daß eine Person die Bedeutung erklärt und die anderen die Techniken aufschreiben, die dabei angewendet werden.)*

c) *Wenden Sie nun in Phase 2 zur Erschließung der spezifischen landeskundlichen Bedeutung die kulturspezifisch-begrifflichen Techniken 26–35 (S. 62) an.*

Wort/Begriff	identifizierende Erklärungstechniken	kulturspezifisch-begiffsbildende Erklärungstechniken

3.5 Zusammenfassung

Zusammenfassung

In diesem Kapitel wurden Sie mit methodischen Möglichkeiten und konkreten Techniken zur Erschließung und Vermittlung landeskundlicher Komponenten von Einzelbedeutungen und von Bedeutungsbeziehungen bekannt gemacht. Mit der Darstellung der einzelnen Techniken haben Sie zugleich die mit ihnen verbundene Terminologie kennengelernt, mit deren Hilfe Sie z. B. in Fortbildungsveranstaltungen über die Unterrichtsphase Bedeutungsvermittlung* diskutieren oder Unterrichtsanalysen durchführen können.

Für Sie ist es wichtig, diejenigen Techniken auszuwählen, die sich für Ihren Unterricht eignen. Sie sollten diese regelmäßig und gezielt in beiden Erklärungsphasen (vgl. Kapitel 3.3.2) einsetzen, damit die Lernenden Strategien für die selbständige Bedeutungserschließung entwickeln und anwenden lernen.

4 Kulturbezogene Verstehenskontrollen: Techniken, Beispiele, Analysen

Überblick

In Kapitel 3 ging es hauptsächlich um Techniken des Erklärens von Bedeutungen. Wie die Lernenden die kulturspezifische – also landeskundlich orientierte – Bedeutungserklärung verstehen, ist damit noch nicht belegt. Im Mittelpunkt von Kapitel 4 stehen daher Möglichkeiten der Verständniskontrolle. Dabei stellt sich zunächst die Frage, ob kulturelles Verstehen im Unterricht überhaupt kontrolliert werden soll und kann. Deshalb soll hier – noch bevor einzelne Techniken der Verstehenskontrolle vorgestellt werden – auf dieses Problem eingegangen werden.

4.1 Kann man Kulturverstehen kontrollieren?

These

Bedeutungserklärungen bewirken bei den Lernenden nicht immer diejenigen Vorstellungen, die Lehrende gerne erreichen wollen. Deswegen ist es notwendig zu überprüfen, was die Lernenden verstehen. Es kann mehrere Gründe dafür geben, daß man etwas „falsch" versteht. Für die Schritte der Verständniskontrolle im Unterricht ist es wichtig, daß man diese Gründe erkennen und unterscheiden kann.

Nehmen wir an, ein Lehrer erklärt den Satz *Hans geht mit Anna spazieren*:

a) *Hans geht spazieren* das bedeutet … (Lehrer spielt vor, indem er in der Klasse auf und ab geht; vgl. S. 62, Technik 15 und 17).

b) *spazieren gehen* heißt, einfach so, ohne Ziel laufen (Lehrer macht Gestik einer Spirale; vgl. S. 61, Technik 7 und S. 62, Technik 16).

Kommentar

Fehlermöglichkeit 1: Die Lernenden verstehen die Erklärung zu eng, zu wenig allgemein, weil sie in a) beispielsweise die Gestik des Lehrers als Wandern oder Stolzieren ansehen (Untergeneralisierung*).

Fehlermöglichkeit 2: Lernende bilden zu a) analoge Sätze wie:

a+) *Hans geht mit dem Auto spazieren.*

Damit übertragen sie die Bedeutung auf einen zu weiten Bereich. In diesem Fall spricht man von Übergeneralisierung*. Die Lernenden zeigen dabei, wie sie die Erklärungen der Lehrenden – evtl. verstärkt durch muttersprachliche Interferenzen* – wörtlich auch auf andere Kontexte übertragen.

Andere Fehlermöglichkeiten: Reaktionen wie:

b+) *Hans und Anna sind verheiratet* (zumindest: *verliebt*).

zeigen, daß das Vorgehen in b) weitere Möglichkeiten zu „falschem" Verstehen in sich birgt, die aus fremdkulturellen Interpretationsgewohnheiten entstehen.

Aufgabe 31

> *Im Anschluß finden Sie verschiedene Bedeutungserklärungen und einige Lernerreaktionen dazu. Bitte kreuzen Sie an, ob die Lernenden den Begriffsumfang des erklärten Wortes*
>
> – *übergeneralisieren,*
>
> – *genau verstanden haben,*
>
> – *untergeneralisieren*
>
> *oder ob sie*
>
> – *die Erklärung insgesamt nicht richtig verstanden haben.*
>
> *Begründen Sie Ihre Entscheidungen in nicht ganz eindeutigen Fällen.*

	genau verstanden	übergeneralisiert	untergeneralisiert	nicht verstanden

L 1: *Vielen Dank für den netten Abend!* ist eine sehr freundliche Verabschiedung. Familie Schulz hat der Abend gut gefallen, und das sagt sie den Richters.

S 1: (Ein anderes Mal zu einem deutschen Freund nach einem gemeinsamen Bummel durch die Stadt:) *Vielen Dank für den netten Morgen!*

L 2: Ein *Freund* ist jemand, den man sehr gut kennt, zu dem man Vertrauen hat und auf den man sich verlassen kann, wenn man z. B. Hilfe braucht.

S 2: (Am Abend vor der Sprachprüfung zu seinem Lehrer:) Sie sind mein *Freund*. Sie müssen mir bei der Prüfung helfen. Wenn ich nicht bestehe, muß ich zurück.

L 3: Ein *Fluß* ist ein großes fließendes Gewässer, größer als ein Bach und kleiner als ein Strom. Große Flüsse sind oft Landesgrenzen, denken Sie an den Rhein.

S 3: (Französin): Wie heißen *Flüsse*, die ins Meer münden?

L 4: Eine *ältere Dame* ist eine Frau, die meist gepflegt, fast elegant aussieht – darum auch die Bezeichnung *Dame* – und die ca. 60 Jahre alt ist.

S 4: Dann ist eine *alte Dame* so um die 50 Jahre alt, oder?

L 5: Ein *Haus* ist, wo man wohnt. Mein Haus ist ganz hier in der Nähe, Sie kennen es ja vom ersten Kursabend.

S 5: (Spanier): Sie können mich in den Ferien gern mal besuchen. Mein *Haus* ist mitten in Barcelona, die Straße ist: Deputació 237, 3. Stock.

L 6: Das können wir morgen nochmal diskutieren.

S 6: (Franzose): Ja, aber glauben Sie, daß wir eine andere Meinung haben als Sie?

L 7: Auf einem *Markt*, kann man alles kaufen, was man so zum Leben braucht: Gemüse, Obst, Brot, Eier, Wurst, Blumen etc.

S 7: (Marokkaner): Aber in Bayreuth ist der *Markt* zu klein. Ich wollte mir gleich nach meiner Ankunft Geschirr und zwei Töpfe kaufen, aber das gab es dort nicht.

Es gibt viele Ursachen für Unter- und Übergeneralisierungen und für „falsches" Verstehen, denen allen hier nicht nachgegangen werden kann. Viele Fehler entstehen einfach aus der wörtlichen Anwendung der Lehrererklärungen. Man kann in den Bedeutungserklärungen jedoch kaum alle möglichen Interferenzen im Vorgriff berücksichtigen. Daher ist eine systematische Kontrolle dessen, was bei den Lernenden angekommen ist, unumgänglich.

Argument 1

Unterrichtsbeobachtungen zeigen allerdings, daß sich Lehrende nach über 80% der Bedeutungserklärungen lediglich mit der Entscheidungsfrage *Haben Sie's verstanden?* begnügen, obwohl sie anhand der Antwort – ob positiv oder negativ – keine Evaluierung* durchführen können.

wissenschaftliche Untersuchung

Argument 2	Es gibt noch einen weiteren, vielleicht noch wichtigeren Grund für die Notwendigkeit von Kontrollfragen*: Diese müssen nichts für die Lernenden Bedrohliches darstellen, das ihr Wissen oder Nichtwissen prüft. Sie können vielmehr als Modell dafür angesehen werden, <u>wie</u> man überhaupt Dinge, die man nicht richtig versteht, <u>durch gezielte Fragen</u> klären kann. Die Kontrollfragen der Lehrenden können somit den Lernenden wichtige Frageperspektiven (vgl. Kap. 5) eröffnen, die sie sinnvollerweise im Unterricht und auch außerhalb der Lernsituation zum selbständigen Weiterlernen anwenden können. Hierin liegt ein für die Lernenden <u>produktiver</u> Aspekt der Lernkontrolle, der jedoch sorgfältig entwickelt werden muß. Unter anderem dient dazu die Beschäftigung mit den entsprechenden Einzeltechniken der Verstehenskontrolle, die im folgenden Abschnitt vorgestellt werden.
Ergänzung	Allerdings muß bei den Verstehenskontrollen im Bereich *Begriffe* nicht nur überprüft werden, ob die Lernenden die Erklärungsgegenstände identifizieren können (z. B. *Weizen* – das ist eine Getreideart oder *Panne* – das ist ein plötzlich auftretender Schaden an einem Kraftfahrzeug) oder ob sie dazu in der Lage sind, einen Lückentext mit „richtigen Wörtern" auszufüllen. Im Unterschied zu solchen eher kulturneutralen Verständnisfragen sollen die nachfolgend dargestellten Techniken der Kontrolle die <u>Ausbildung komplexer fremdsprachlicher Begriffe unterstützen</u>, d. h. die kulturbezogene Bildung von Hypothesen über neue Begriffe auslösen. Sie dienen dazu, das folgende Leistungsspektrum der Lernenden zu überprüfen:

➤ das Identifizieren des erklärten Gegenstandes,

➤ das Verstehen kulturspezifischer Bedeutungsgehalte,

➤ die Bildung eines vorläufigen fremdkulturellen Begriffs und

➤ die allgemeine Fähigkeit, überhaupt neben dem Begriffssystem der eigenen Kultur einen weiteren begrifflichen <u>Zusammenhang</u> zwischen fremden Einzelbegriffen herzustellen.

4.2 Einzeltechniken zur Verständniskontrolle (1–8)

Die Verstehenskontrolle sollte einen ähnlichen Zeitraum einnehmen wie die Phase der Bedeutungserklärung. Wie bei den Erklärungstechniken werden im folgenden erst einmal die bei Unterrichtsbeobachtungen festgestellten <u>Einzeltechniken zur Verstehenskontrolle</u> dargestellt. Diese zielen auf eine Begriffsevaluierung: Lehrende stellen Fragen, deren Antworten zeigen, ob und wie Lernende neue, fremdkulturell beeinflußte Begriffe bilden.

<u>Aufgabe 32</u>	*Bitte lesen Sie die nachfolgenden Techniken zur Verständniskontrolle. Es geht um acht verschiedene Techniken, mit denen Sie überprüfen können, ob und wie Begriffe von den Schülern verstanden wurden. Zur Erläuterung haben wir Beispiele hinzugefügt, die als Aufgabe formuliert sind.*

Technik 1	**Verständniskontrolle 1: Textbezug**
Definition	Fragen zur Einbettung des Begriffs in engen Textzusammenhang stellen:
Unterrichtsbeispiele	a) Was bedeutet *sich nett unterhalten* für die alte Dame?
	b) Versuchen Sie, das Attribut *allein* aus dem Text zu erklären. Welche anderen Bedeutungen im Text geben Gründe an, warum die Person allein ist und welche Konsequenzen sich für diese alte Dame ergeben?
Erklärung	Lernende achten oft zu wenig darauf, daß der Gesamttext wichtige landeskundliche Informationen und Bezüge enthält, die zur Erläuterung kulturspezifischer Ausprägungen einzelner Begriffe im Text wesentlich beitragen.
Technik 2	**Verständniskontrolle 2: Umfang**
Definition	Begriffsmerkmale nennen oder ergänzen lassen:
Unterrichtsbeispiele	a) Sollte man grundsätzlich alle Erwachsenen mit *Herr X, Frau Y* ansprechen?

b) Wenn man jemanden mit *Fräulein* anredet, kann diese Person diese Anrede immer zurückweisen, außer wenn sie sehr jung ist, ca. 14 – 17 Jahre: Man kann also dann *Fräulein* sagen, erstens, wenn diese Person jünger als 17 Jahre ist, zweitens, wenn sie … (Schüler sollen ergänzen, welche Bedingungen sie noch kennen).

c) Welche Charakteristika hat ein deutsches *Café*?

Mit der Aufzählung von Begriffsmerkmalen wird deutlich gemacht, welche kulturspezifischen Charakteristika dem Begriff zukommen, ohne diese streng zu ordnen. Sie sollen die Vorstellung von der Andersartigkeit dieses Begriffs unterstützen.

Erklärung

Verständniskontrolle 3: Veränderung

Technik 3

Historische Begriffsentwicklung erfragen:

Definition

a) Welche Veränderung hat es in der *Freizeit* der Deutschen gegeben? Denken Sie an die Lebensbedingungen während der Industrialisierung Ende des 19. Jahrhunderts im Vergleich zu heute (Freizeitindustrie).

Unterrichtsbeispiele

b) Welche Rolle spielte die *Kirche* früher?

Kontrollfragen zur historischen Begriffsentwicklung sollen auf die ständige Veränderung von Bedeutungen hinweisen und die Bereitschaft zur Veränderung der vorgeprägten Begriffsvorstellungen bei den Lernenden fördern.

Erklärung

Verständniskontrolle 4: Pole

Technik 4

Relativität des Begriffs auf der Skala zwischen zwei Polen bestimmen lassen:

Definition

a) Ordnen Sie die Begriffe *junge Dame, jüngere Dame, alte Dame, ältere Dame, Dame mittleren Alters* entsprechend ihren Bedeutungen den Altersangaben auf der Skala zu. (Lehrer legt eine Folie auf den Tageslichtprojektor und trägt auf Zuruf die Antworten der Schüler ein.)

Unterrichtsbeispiele

20 Jahre	
30	
40	
50	
60	
70	
80	
90	

b) Geben Sie auf der Skala an, ob *eine Tasse Kaffee*, die in Deutschland 2,– bis 3,50 DM kostet, relativ preiswert oder teuer ist. Zeitungen kosten ca. 1,50 DM, Taschenrechner ca. 10,– DM, eine 2½-Zimmer-Wohnung kostet ca. 1 200,– DM Miete. (Einkommen eines Facharbeiters monatlich ca. 2 200,– DM netto.)

relativ preiswert   sehr teuer

Obwohl ganz feste Einordnungen kaum möglich sind, soll diese Kontrollfrage darauf hinweisen, daß viele Begriffe relativ sind, und zwar im Hinblick auf fremdkulturelle Kriterien. Dies ist wichtig bei Kulturvergleichen, da einmal andere Bestimmungskriterien angelegt werden können, zum anderen andere Graduierungen vorgenommen werden.

Erklärung

Verständniskontrolle 5: Kulturspezifisches Bedeutungsfeld

Technik 5

Erarbeiten, welche Bedeutungsaspekte zu einem Begriff gehören:

Definition

a) Der *Sonntagsnachmittagsspaziergang* wird als gesund angesehen, auch wenn das sich anschließende oder vorausgehende Kaffeetrinken mit Kuchen essen quasi dazugehört. Welche Dinge oder Handlungen gehören nach den Konventionen vieler außerdem zu einem solchen Spaziergang?

Unterrichtsbeispiele

b) Wenn man sich sympathisch findet und *sich kennenlernen* will, ist es unter Studenten und Studentinnen oft so, daß man viel über scheinbar ernste Themen redet.

Was ist im allgemeinen wichtig beim ersten Kennenlernen, damit es sich zu einer möglichen Liebesbeziehung entwickeln kann?

Erklärung

Begriffe sollen systematisch mit kulturspezifisch relevanten Ausformungen versehen werden, die Lernende aufgrund eigener oder indirekt gemachter Erfahrungen zusammentragen sollen.

Technik 6

Verständniskontrolle 6: Assoziationen von Zielsprachensprechern erfragen

Definition

Erfragen, welche Assoziationen fremdsprachliche Sprecher zu deutschen Begriffen haben:

Unterrichtsbeispiele

a) Was fällt Ihnen beim Wort *Fahrrad* ein? Versuchen Sie, sich Fahrräder in Deutschland vorzustellen, und antworten Sie schnell.

b) Nennen Sie schnell Assoziationen zu *hübsches Gesicht*.

Erklärung

Die Kontrolle soll zeigen, daß in verschiedenen Kulturen oft sehr unterschiedliche Assoziationen „gleichen" Wortbedeutungen zugeordnet werden. Dies dient als Illustration für mögliche Bedeutungsunterschiede zwischen unterschiedlichen Sprachen. Diese Methode erweist sich deshalb besonders bei multikulturellen Gruppen als fruchtbar.

Technik 7

Verständniskontrolle 7: Funktion

Definition

Verschiedene Funktionen des Erklärungsgegenstandes im muttersprachlichen und fremdsprachlichen Alltag erfragen:

Unterrichtsbeispiele

a) Hunde haben sicherlich verschiedene Funktionen für ihre Besitzer. So ist ein *Hund* einerseits vor allem ein Kommunikationspartner, andererseits kann er auch ein Statussymbol sein.

Welche allgemeinen Funktionen haben ein *perro, chien, dog, cão* etc. in Ihrem Land?

b) *Schnittblumen* dienen vor allem als Geschenk oder zur Dekoration in Wohnungen oder Geschäften. Welche Funktionen haben sie in Ihrem Land?

Erklärung

Die Funktionen, die die Dinge, Handlungen oder auch Vorstellungen für die Mitglieder einer Kultur haben, verweisen oft sehr deutlich auf die Bedeutung von Begriffen.

Technik 8

Verständniskontrolle 8: Gegenbegriffe/Gegenthemen

Definition

Kulturspezifische Oppositionen, Gegenbegriffe, Gegenthemen erfragen:

Unterrichtsbeispiele

a) Wenn *Kinder haben* mit Familienglück, Verantwortung der Eltern für die Erziehung und Ausbildung der Kinder, zeitweisem Verzicht der Mutter auf berufliche Entwicklung, Rücksichtnahme auf kleinere Kinder, zeitweisem Verzicht auf größere Anschaffungen oder Reisen etc. verbunden ist, was bedeutet dann *keine Kinder haben* (im Sinne von *keine Kinder wollen*)?

b) Was könnte das Gegenthema zu *Autofahren* sein?

Zusammenfassung

Die Antworten auf die Verständniskontrollen 1–8 können den Lehrenden also zeigen, inwieweit die Lernenden bereits in der Lage sind, den Begriffsinhalt eines neuen Ausdrucks in bezug auf die Zielkultur Bundesrepublik Deutschland zu bestimmen.

Im folgenden ist eine Reihe von Aufgaben aufgeführt, anhand derer Sie sich die beschriebenen Techniken der Verständniskontrolle genauer erarbeiten können. Bitte beachten Sie, daß es bei diesen Übungen in erster Linie darum geht, die Vielfalt der Kontrollmöglichkeiten zum Verständnis der Begriffe bei den Lernenden deutlich zu machen und daß deshalb dem sprachlichen Niveau der Deutschlehrer zunächst noch wenig Aufmerksamkeit gewidmet wird.

Wenn kulturspezifische Bedeutungen in bestimmte Kontexte eingebettet sind, stehen sie damit gleichzeitig in kulturspezifischer Opposition zu bestimmten Gegenthemen. Man kann also überprüfen, ob Lernende bestimmte Begriffe verstehen, indem man sie die entsprechenden Gegenbegriffe oder Gegenthemen darstellen läßt.

Lesen Sie die Techniken der Verständniskontrollen. Die Kontrollbegriffe 1–5 beziehen sich auf den Text „In der Studentencafeteria" auf S. 59.

a) Kreuzen Sie an, welche Kontrollfragen die Lernenden dazu führen,

- *den Erklärungsgegenstand zu identifizieren (= kulturneutral = kn) bzw.*
- *den Erklärungsgegenstand als kulturspezifischen Begriff (= ks) ins Blickfeld zu nehmen.*

b) Beantworten Sie die Fragen inhaltlich.

Kontrollbegriff 1: *Student*

A) Sind Sie Student(in)? | kn | ks |

B) Wenn man als Techniker arbeitet und im Fernstudium Wirtschaftswissenschaft studiert, ist man dann Student? | kn | ks |

C) Engagieren sich Studenten in der Bundesrepublik Deutschland (bzw. in Ihrem Land) politisch? | kn | ks |

D) Ist *Student* mit positiven Assoziationen in Ihrem Land verbunden? | kn | ks |

Kontrollbegriff 2: *Studentencafeteria*

A) Was ist der Unterschied zwischen *Cafeteria, Mensa, Café, Restaurant, Kantine*? | kn | ks |

B) Stimmt es, daß die meisten Studenten nur in die Studentencafeteria gehen, um etwas zu essen oder zu trinken? | kn | ks |

C) Ordnen Sie *Cafeteria, Mensa, Café, Kantine, Spezialitäten-Restaurant, Biergarten* danach, ob man sich dort eher informell bzw. eher formell verhalten sollte.

erlaubt/erfordert eher informelles Verhalten ←+–+–+–+–+→ erlaubt/erfordert eher formelles Verhalten | kn | ks |

Kontrollbegriff 3: *Ist der Platz hier frei?*

A) Müssen grundsätzlich in Deutschland im Café, Restaurant, der Mensa etc. alle Leute fragen, bevor sie sich zu jemandem an den Tisch setzen, z. B. auch Professoren? | kn | ks |

B) Muß man sehr normierte Ausdrücke benutzen, wenn man darum bittet, sich zu jemandem setzen zu dürfen? | kn | ks |

C) Kann man sich in Ihrem Land zu jemandem an den Tisch setzen? Wenn ja, bei welchen Gelegenheiten bzw. in welchen Situationen? | kn | ks |

Kontrollbegriff 4: *bitte – danke*

A) Ist *danke(-schön) – bitte(-schön)* ebenso automatisch verbunden wie *bitte – danke*? | kn | ks |

B) Finden Sie *bitte – danke* besonders höflich? | kn | ks |

C) Signalisiert *danke* hier Dankbarkeit? Oder ist das ein Ritual? | kn | ks |

Kontrollbegriff 5: *Du sprichst schon gut Deutsch.*

A) Ordnen Sie (Lehrer legt Folie auf)
  a) phonetisch korrekt sprechen (mit lexikalischen Fehlern),
  b) rollendes *R* sprechen,
  c) mit Verben im Infinitiv sprechen,
  d) zu leise sprechen,
  e) mit französischem Akzent sprechen,
  f) mit viel Gestik sprechen

auf der folgenden Skala:

nicht akzeptiert   ←+–+|–+–+→   gut akzeptiert | kn | ks |
(da schlechtes Deutsch)   (da gutes Deutsch)

B) Wenn Deutsche Ihnen sagen, Sie sprächen schon gut Deutsch, ist das für Sie eine Feststellung, ein Versuch, Sie beim Weiterlernen zu motivieren oder ein Kompliment? | kn | ks |

C) Bedeutet *schlecht sprechen können* auch: *eine Kultur schlecht kennen*? | kn | ks |

Kontrollbegriff 6: *Wald*

A) Beschreiben Sie einen *Wald*. | kn | ks |

B) Für wen ist *Wald* ein Arbeitsplatz, welche Leute nutzen ihn anders? | kn | ks |

C) *Im Wald spazierengehen* gilt in Deutschland als gesund. Man zieht sich in die Natur zurück (eine gewisse Einsamkeit ist wichtig). Wohin würde man in Ihrem Land in einer solchen Situation (Ziel: Einsamkeit suchen) gehen? | kn | ks |

Die meisten der oben genannten Kontrollfragen beziehen sich auf die Begriffsinhalte, d. h., sie rücken Kulturspezifisches ins Blickfeld (als kulturneutral könnten die Fragen 1A, 2B, 5C, 6B aufgefaßt werden, obwohl eine Reihe von möglichen Antworten über denotative, also kulturneutrale Aspekte des betreffenden Ausdrucks hinausgehen). Um nochmals deutlich zu machen, weshalb und mit welchen Zielen die Kontrollfragen gestellt werden, geben wir Ihnen zu jedem Kontrollbegriff mit den entsprechenden Fragen einige erklärende Kommentare (1–6).

Zusammenfassung

Die **Kontrollfragen** haben folgende Funktionen:

1) *Student*: Die Fragen dienen zur Identifizierung und zur kulturellen Einbettung des Begriffs *Student* und sollen unter anderem eine Abgrenzung von beispielsweise *student/étudiant/estudiante* etc. in anderen Kulturen bewirken.

2) *Studentencafeteria*: Unterschiede zwischen Begriffen mit ähnlichen Funktionen sollen erkannt und in bezug auf ein Unterscheidungskriterium (informell/formell) gegliedert werden.

3) *Ist der Platz hier frei?*: Die Fragen dienen dazu, auch Sprechhandlungen in alltagskulturelle Kontexte zu stellen, die aufzeigen, wer (Mann/Frau; der hierarchisch Höhere/Niedrigere etc.) kommunikativ Initiativen zeigen kann bzw. muß.

4) *bitte – danke*: Die Fragen sollen prüfen, ob Lernende erkennen, daß Zustimmungen wie *bitte* kulturspezifische Implikationen (Redebereitschaft oder – in anderen Fällen – eine bestimmte Verantwortung) haben können und daß ritualisierte Sprechhandlungen nicht wörtlich genommen werden können.

5) *Du sprichst schon gut Deutsch*: Es soll durch die Fragen herausgearbeitet werden, daß Bewertungen (z. B. schlecht/gut Deutsch sprechen) auch an kulturspezifischen Kriterien vorgenommen werden (z. B. fehlende Konjugationsendungen und ein starker Akzent mit rollendem *R* werden als schlechte Sprachbeherrschung ausgelegt, und zwar relativ unabhängig vom Wortschatz des Betreffenden.)

6) *Wald*: Die Fragen sollen zeigen, ob die Lernenden bei Konkreta Unterschiede in Gestalt und Funktion entdecken und ob sie Funktionsäquivalenzen herstellen können.

Aufgabe 34
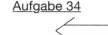

a) *Lesen Sie sich die folgende Übersicht über kulturneutrale (vgl. die Studieneinheit „Probleme der Wortschatzarbeit") und begriffsorientierte Techniken der Verständniskontrolle genau durch.*

Fragebatterie	*Computer*	*Zug*	*fensterln*	*chic*
Identifizieren mit Illustration				
Entscheidungsfrage				
W-Frage allgemein				
Aspektwechsel				
Situationsmodifikation				
personalisierte Frage				
Handlung				
verbale Aufforderung				
Stimulus durch Gestik				
Wort				
Wortableitung				
Synonyme				
Übersetzung				
Antonyme				
Begriffsevaluierung				
Textbezug				
Umfang				
Veränderung				
Pole				
kulturspezifisches Bedeutungsfeld				
Assoziationen				
Funktion				
Gegenthemen				

b) *Im folgenden finden Sie eine Reihe von fiktiven Kontrollfragen zu vier verschiedenen Ausdrücken – so, wie man sie auch in den Auswertungsphasen nach der Präsentation neuer Texte stellt.*

Bestimmen Sie die Techniken, mit denen das Verständnis kontrolliert wird. Tragen Sie diese in das obige Schema ein.

Computer

A) Welches elektronische Gerät sehen Sie hier auf dem Bild?

B) Haben Sie auch einen Computer?

C) Welche Personen benutzten früher, etwa um 1970, Computer und welche heute?

D) Viele kritisieren, daß heute Kinder stundenlang ... was tun?
   (Lehrer tut mit den Fingern so, als spiele er am Computer)

E) Wie wird man heutzutage angesehen, wenn man Computerfachmann ist?

F) Welches englische Wort (Verb) steckt in *Computer*?

G) Nennen Sie typische Assoziationen zu *Computer*.

H) Wenn *Computer* für moderne Technologie steht, was ist dann ein Anti-Begriff dazu in Deutschland?

I) Welche verschiedenen Computer gibt es?

Zug

A) Womit fährt Herr Meyer nach Berlin?

B) Was sehen Sie hier auf dem Foto neben dem Rheinufer fahren?

C) Wer von Ihnen fährt gern Zug?

D) Welche Personengruppen benutzen häufig den Zug?

E) Womit fährt man in Deutschland lange Strecken (ein Tip: bis ca. 500 Menschen können mitfahren)?

F) Wie wurden früher Personen und Güter transportiert, als es noch keine Züge gab?

G) Welche anderen Personenbeförderungsmittel – das ist der technische Ausdruck – gibt es noch, mit denen Menschen lange Strecken zurücklegen?

H) In unserem Text bedeutet der Zug für Martin M. etwas Besonderes, nämlich?

I) Was wird oft als Gegenteil, als „schlechtere Alternative", zum Zugfahren angesehen?

fensterln

A) Wenn ich heute abend zu Ihnen ans Fenster hinaufklettere (Lehrer macht Gestik des Kletterns), was tue ich dann? Wie nennt man das?

B) Was macht Maxl gerade (Lehrer zeigt auf Bild)?

C) Was muß man (besser: ein Mann) beim Fensterln beachten?

D) Welche Alternativen hat man heutzutage zum Fensterln, wenn z. B. die Angebetete in einem Hochhaus wohnt?

E) Ist das noch echtes Fensterln, wenn Maxl mit einem Kassettenrekorder auf die Leiter steigt?

F) Welche Funktion hat das Fensterln? Kann man diese anders, also durch andere Handlungen, erreichen, und wenn ja, wie?

G) Welche Assoziationen haben Deutsche beim Wort *fensterln*?

H) Welches Grundwort steckt in *fensterln*?

I) Was halten Sie von der Tradition des Fensterlns?

chic

A) Wie sieht diese Frau hier aus? (Lehrer zeigt auf Bild)

B) Wer ist die Person, von der man wirklich sagen kann, sie sei *chic* in unserer Klasse?

C) Ist der Mann hier auf dem Bild auch *chic*?

D) Ihr Pullover (Lehrer zeigt auf Schülerin) ist wirklich sehr *chic*. (Lehrer erwartet adäquate Reaktion auf das Kompliment)

E) Kann man sagen: *Ihr Baby sieht sehr chic aus*?

F) Kennen Sie ein Restaurant, das *chic* ist?

G) Wann entstand *Mode* und damit ein Begriff von *chic*?

H) Sind zerschnittene Jeans, hellgewaschen, heutzutage *chic*?

I) Was bedeutet es für eine Frau, als *chic* angesehen zu werden?

Zusammenfassung | Mit diesen Übungen wurde die Wortschatzarbeit als umfassende Unterrichtsphase präsentiert. Erklärung und Kontrolle des fremden Vokabulars gehen von den Lehrenden aus. Ihre Aufgabe ist es, mit geeigneten Techniken den Prozeß der Begriffsbildung bei den Lernenden zu unterstützen. In Kapitel 5 wird später gezeigt, wie kulturbezogenes Bedeutungslernen unter interkulturellen Aspekten im Unterricht aussehen kann, wobei die Lernenden den Prozeß der immer komplexer werdenden fremdsprachlichen Begriffe mehr und mehr selbst steuern.

4.3 Didaktische Konsequenzen

Die didaktischen Konsequenzen dieses Kapitels sind wesentlich umfangreicher, als man zunächst annehmen könnte. Unterrichtet man nach dem Grundsatz, daß das, was im Unterricht behandelt wird, auch geprüft wird, so stellt sich speziell bei der Überprüfung kulturellen Verstehens sicherlich die schwierige Frage, wie dies methodisch zu realisieren ist. Außerdem muß beachtet werden, daß die interkulturellen Lernziele der Wortschatzarbeit, nämlich die Vermittlung komplexer fremdsprachlicher Begriffe, sich nur langfristig realisieren lassen. Einige Lernende werden sich sicher erst nach einer längeren Zeit die Strategien des Kulturverstehens angeeignet haben und dann allmählich oder aber evtl. auch „sprunghaft" Fortschritte machen.

Bisher wurde ein kulturelles Verstehen im Fremdsprachenunterricht kaum systematisch geprüft. Das bedeutete eine gewisse Einseitigkeit und damit auch eine einseitige Bevorzugung bestimmter Lernertypen. Diejenigen Lerner nämlich, die ohne weiteres große Mengen an Vokabeln und Grammatik auswendig lernen können, haben bei vielen üblichen Tests wenig Probleme. Andere jedoch, deren Motivation zum Deutschlernen eher aus eigenen Erfahrungen mit Land und Leuten, aus dem Interesse an der deutschen Kultur, Geschichte oder Wirtschaft resultiert, Lernende also, die mehr an Inhalten als an sprachlichen Formen interessiert sind, können diese Interessen und entsprechenden Fähigkeiten kaum in normalen Tests zeigen. Damit sind sie auch nicht in der Lage, mögliche Schwächen im „rein" grammatischen oder lexikalischen Bereich auszugleichen.

Wenn hier also Testverfahren angegeben werden, dann auch mit dem Ziel, denjenigen Lernenden eine Möglichkeit zur Demonstration ihres Könnens zu geben, die gern mit Fremden kommunizieren und/oder sich für die (Alltags-)Kultur des fremden Landes interessieren.

---

a) Gliedern Sie einen beliebigen Text (möglichst einen Dialog) in vier- bis fünfzeilige (Sinn-)Abschnitte, und wählen Sie etwa fünf Wörter oder Ausdrücke aus.

Aufgabe 35

b) Bereiten Sie ausführliche Kontrollfragen vor, und simulieren Sie die Kontrollhandlungen. (In der Gruppe kann dabei so vorgegangen werden, daß eine Person die Kontrollfragen stellt und die anderen die Techniken aufschreiben, die dabei angewendet werden.)

Wort/Ausdruck	Kontrollfragen	Techniken
_____	_____	_____
_____	_____	_____
_____	_____	_____
_____	_____	_____
_____	_____	_____

c) Versuchen Sie, für Ihren Text selbst Aufgabenformen zu entwickeln, die im Sinne der Kontrollfragen der Ausformung kulturspezifischer Begriffe dienen. Diese Aufgaben können komplexer als Kontrollfragen sein und enthalten neben dem Verstehensaspekt einen Übungseffekt. Idealerweise kombinieren sich beide. Zur Konstruktion Ihrer Übungen können Sie die Vorschläge für Übungsformen aus Aufgabe 34 nutzen.

Übungsformen

Die folgenden Übungsformen sind dazu geeignet, kulturelles Verstehen zu fördern. Sie können sie allein oder in kleinen Gruppen bearbeiten.

Lösen Sie die unter den Übungsformen 1 – 4 (Oberbegriff, Implikationen, Treffpunkte, Handlungsmuster) stehenden Aufgaben, und überlegen Sie, für welche Lernergruppen diese Übungsformen (auch in abgewandelter Form) eingesetzt werden können.

1. Bestimmen Sie den Oberbegriff.

_____

Kaffee   *Brötchen*   *Zeitung*   *Ei*

2. Implikationen

Sie gehen durch einen Zug, Großraumwagen, und hören folgende Gesprächs-fetzen:

Interpretieren Sie die Äußerungen,
– indem Sie beschreiben, was die Personen meinen und
– was sie möglicherweise damit über sich, ihre Lebenseinstellung, ihren Status oder ihre „Geschichte" ausdrücken.

„Ich fahre dieses Jahr wieder nicht weg (in die Ferien)".

Implikationen:

_____

_____

_____

„Meine Kinder dürfen nicht fernsehen."

Implikationen:

_____

_____

„Ich bin froh, wenn es bei uns bis zum Monatsende langt."

Implikationen:

_____

_____

„Eine schöne Laubfärbung haben wir dieses Jahr – solange es überhaupt noch Bäume gibt, kann man sich freuen."

Implikationen:

_____

_____

_____

_____

„Kommt ihr also morgen mit uns?" – „Klar, nach der Sportschau sind wir da."

<u>*Implikation:*</u> *Welcher Tag, welche Uhrzeit?*

_____

_____

_____

3. Treffpunkte

a) *Wo trifft man sich? Wer trifft sich wo?*
   Vervollständigen Sie mögliche „Treffpunkte" in Deutschland, und streichen Sie diejenigen, die kaum noch eine Rolle spielen.

Kirche	*Kaffeeklatsch*	_____
Kneipe	*Diskothek*	_____
Familien(fest)	*Freizeitsport*	_____
Männergesangverein	*Tanztee*	_____
politische Gruppe	*Fußballstadion*	_____
Arbeitskollegen	*Kinderspielplatz*	_____
Café	*Sauna*	_____
Kraftsportzentrum	*Sonnenbank-Studio*	_____

b) *Ordnen Sie die aufgeführten Begriffe, die Möglichkeiten für Treffpunkte bezeichnen, den nachstehenden Personengruppen zu. Geben Sie drei Treffpunkte an, die Sie für die wichtigsten halten.*

   für Jugendliche: _____

   für alte Leute: _____

   für Männer zwischen 35 und 50: _____

   für Frauen: _____

   für junge Männer: _____

   für finanziell gut Gestellte: _____

4. Handlungsmuster abstufen

Was kommt bei vielen deutschen Studenten und Studentinnen zuerst, d. h., was hat beim Kaufen Priorität? Wenn Sie nicht nur Ihre subjektive Meinung wiedergeben möchten, machen Sie eine kleine Umfrage.

Sich folgendes leisten können:

– *ein Auto*

– *einen Fernseher*

– *eine Auslandsreise*

– *eine kleine Wohnung*

– *einen eigenen Computer*

– *ein Haustier*

– *eine Tageszeitung*

– *ein Fahrrad*

– *eine Waschmaschine*

4.4 Zusammenfassung

Zusammenfassung

In Kapitel 3 wurden Techniken der Bedeutungserklärung eingeführt. Deren Anwendung setzt aber nicht gleichzeitig voraus, daß die Lernenden die Bedeutungserklärungen auch tatsächlich verstehen. Aus diesem Grund wurde in Kapitel 4 eine große Zahl an Arbeitsmöglichkeiten vorgestellt, die dazu dienen, die Verstehensleistung zu überprüfen. Diese Kontrollen sollen analog zur Bedeutungsvermittlung ebenfalls mit Hilfe bestimmter Techniken erfolgen. Dabei stehen Bedeutungserklärung und Verstehenskontrolle in Wechselbeziehung. Den Techniken der Verständniskontrolle kommt dabei eine besondere Funktion zu: Sie dienen als Möglichkeit, die lehrerorientierten Verhaltensmuster, die bisher im Vordergrund standen, in lernerorientierte zu überführen. Anders, als man es von Kontrolltechniken (Tests) im allgemeinen vermutet, geht die Lernerorientierung hier also – wenn man sie als Hilfe zum autonomen Lernen durch Lehrer oder Lehrerinnen versteht – von den Kontrollphasen aus. Diese geben den Lernenden erste wichtige Hinweise darüber, mit welchen Mitteln (inhaltliche Aspekte und sprachliche Ausformungen) sie in Situationen, in denen sie mit neuen Begriffen konfrontiert werden, diese als fremde Begriffe erfassen und verarbeiten können.

5   Lernerorientierung: Suchfragen stellen

Überblick

Das folgende Kapitel stellt den Versuch dar, das Dilemma im Bereich der landeskund-lich relevanten Wortschatzarbeit wenigstens in Ansätzen zu überwinden. Wie mehr-fach aufgezeigt wurde, liegt das Problem darin, daß Begriffe sehr komplex sind und daß bei deren Vermittlung entsprechend viele Abgrenzungen zwischen fremd- und mutter-sprachlichen Inhalten vorgenommen sowie relativ umfangreiche Hintergrundinforma-tionen gegeben werden müssen. Ein erster Versuch, den Unterricht nicht in „landes-kundliche Vorlesungen" ausarten zu lassen, war der Versuch, die Lernenden erst einmal für fremde „Begriffswelten" generell zu sensibilisieren und diese dann schritt-weise in einem zyklischen (Er-)Klärungsprozeß zu erarbeiten. Ein zweiter Versuch, die Komplexität des Lernens zu meistern, lag darin, durch eine ausgeprägte Phase der Verständniskontrolle den Lernenden immer wieder ein Feedback über den Prozeß ihrer Erarbeitung fremder Begriffe zu geben. Letztendlich diente dieses ständige Aktivieren von Begriffsbildungsprozessen auch dazu, den Lernenden Möglichkeiten aufzuzeigen, selbständig die Entwicklung von Begriffsumfang und Begriffsvernetzung zu steuern. Daß Lernende im Laufe des (oft mehrjährigen) Unterrichts in diesem Sinne die Weiterführung und Vertiefung ihrer Erarbeitung fremder Begriffe übernehmen, ist unseres Erachtens die einzige Lösungsmöglichkeit für das oben genannte Dilemma. Die vorliegende Studieneinheit hat an vielen Stellen deutlich gemacht, daß die vorgetragenen theoretischen, pädagogischen und methodischen Ansätze diese langfri-stige Lösung verfolgen. Das letzte Kapitel soll nun ganz den Möglichkeiten gewidmet werden, den Lernenden Strategien zu vermitteln, mit denen sie ihre neuen Begriffe selbständig weiterentwickeln können. Dazu werden die einzelnen, für die landeskund-lich relevante Wortschatzarbeit wichtigen Phasen noch einmal zusammengefaßt.

5.1   Erklären – Hypothesen aufstellen – Erfragen

In der Fremdsprachendidaktik muß unter Bedeutungsvermittlung eine Unterrichts-phase verstanden werden, die alle Schritte der Vermittlung fremder Bedeutungen umfaßt; dazu gehören auch Interaktionen, also Lehrer- und Schüleraktivitäten. Inner-halb dieser Phase kann man Handlungsbereiche unterscheiden, die im Unterrichtsalltag ständig vorkommen:

Schema

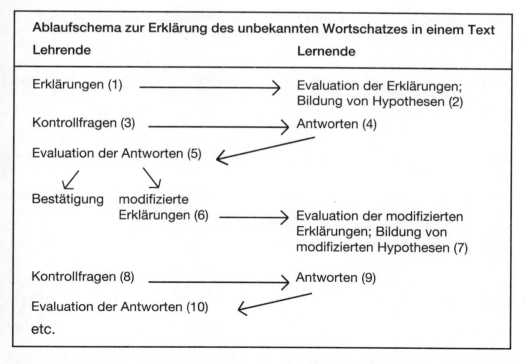

Wie in diesem Handlungsschema deutlich wird, gibt der Lehrende zunächst seine Erklärungen (1); diese bilden die Grundlage für die Hypothesen (2), die die Lernenden

Kommentar

dann über die Bedeutung der erklärten lexikalischen Einheiten bilden. Da die Hypothesen ihrerseits nicht „sichtbar" sind, stellt der Lehrende nun Kontrollfragen (3), um zu prüfen, ob seine Erklärungen richtig verstanden worden sind. Diese Fragen beruhen auf seinen Annahmen und auf seinen Erfahrungen, wie die Lernenden die Erklärungen verarbeiten.

Im Kapitel zu den Kontrollfragen (vgl. S. 66ff.) wurde schon darauf hingewiesen, daß die Lehrenden nach den Erklärungen (1) selbst wieder aktiv werden müssen. Sie vergewissern sich durch Kontrollfragen (3), ob ihre Erklärungen die Lernenden nicht zu falschen Generalisierungen „eingeladen" (sogenannte „invited errors") haben. Erst aufgrund der Lernerantworten (4) können sie Vermutungen zur Hypothesenkonstruktion in den Köpfen der Lernenden anstellen – eine Evaluation (5) vornehmen – und diese gegebenenfalls durch modifizierte Erklärungen (6) korrigieren. Kontrollfragen (8) und die Evaluation der Schülerantworten (10) gehören daher in jedem Fall zur Unterrichtsphase Bedeutungsvermittlung. Mit modifizierten Erklärungen beginnt die Phase – falls nötig – von vorn (Schritt 7 – 10 in unserem Modell).

Viel einfacher wäre es jedoch, wenn nicht die Lehrenden umständlich ihre Hypothesen über die Hypothesen der Lernenden überprüften, sondern wenn die Lernenden ihre Vermutungen selbst äußern würden.

Schema

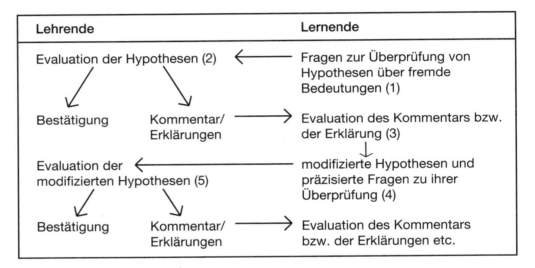

Kommentar

Wenn Lernende mit fremden Begriffen konfrontiert werden, sind sie aufgrund des Kontextes fast immer in der Lage, erste vorläufige Hypothesen (auch im Sinne von Eingrenzungen möglicher Bedeutungsaspekte) aufzustellen. Sie müssen nun Gelegenheit bekommen und lernen, diese Hypothesen selbständig zu überprüfen (1). Die Lehrenden bestätigen die Richtigkeit der Hypothesen oder geben Kommentare oder Erklärungen (2), und zwar sowohl bezüglich des Erklärungsgegenstandes und seines Kontextes als auch zum Hypothesenbildungsprozeß (z. B. *Sie haben zu sehr generalisiert …*). Die Lernenden können dann die Kommentare evaluieren (3), ihre Hypothesen modifizieren und weitere, präzisere Fragen stellen (4). Diese werden wiederum von den Lehrenden geprüft (5) und bestätigt bzw. kommentiert und mit neuen Erklärungen versehen etc.

Eine solche Fragehaltung der Lernenden ist besonders dann wichtig, wenn Lehrende und Lernende nicht der gleichen Kultur angehören. In diesem Fall kann ein Lehrender kaum die Vielfalt der möglichen Hypothesen vorausbestimmen, sondern er ist auf Reaktionen der Lernenden angewiesen.

Für das Folgende muß betont werden, daß landeskundlich relevante Inhalte, zu denen Lernende Fragen entwickeln (sollen), nicht allein aus Lektionen, d. h. aus Texten, abgeleitet werden können. Vielmehr muß eine landeskundlich orientierte Wortschatzarbeit systematisch alle Informationen, die Lernende aufnehmen, einbeziehen, vor allem auch diejenigen, die sie durch direkte Anschauung bekommen. Dies heißt, daß nicht nur Bedeutungen von fremden Wörtern erarbeitet werden müssen, die in Texten vorkommen, sondern auch Dinge, denen die Lernenden ganz konkret begegnen und von denen sie sich intuitiv oder bewußt „ein Bild machen", wie beispielsweise das Erscheinungsbild von Deutschen im Ausland, ihre Kleidung, Autos, Verhaltensweisen, Ansichten etc. oder auch – bei Besuchen in Deutschland – ihr Alltagsverhalten und ihre Lebenswelt. Bei solchen direkten Erfahrungen stoßen Lernende sowohl auf viele Dinge, von denen sie glauben, ihre Bedeutung für das fremde Land intuitiv einordnen zu können, als auch auf Gegebenheiten, die sie nicht sofort erfassen und bewerten können. Konkrete Hypothesen und Fragen entwickeln Lernende oft aber erst dann, wenn sie dem Gesehenen oder Erlebten auf den Grund gehen, beispielsweise wenn sie wesentliche Aspekte dieser Gegebenheiten beschreiben oder sich historische Aspekte erarbeiten müssen. Dann erscheinen sie oftmals noch fremder, als sie sich die Lernenden vorgestellt hatten.

Zur Ausbildung bzw. zur Förderung einer solchen hypothesenorientierten fragenden Haltung haben wir ausländischen Studenten und Studentinnen die Aufgabe gegeben, eine deutsche Institution, hier ein Café, zu beobachten und das Charakteristische in Form einer Collage zusammenzustellen.

Der Auftrag lautete folgendermaßen:

Beispiel 27

„Sie gehen in ein Café und nehmen Platz. Sie befinden sich dort in einem Interaktionsraum, den Sie nicht kennen (auch wenn Café so ähnlich aussieht wie etwas, das es bei Ihnen zu Hause gibt!). Beobachten Sie alles genau, auch kleine Details.

Versuchen Sie zu erfahren:

– Welches sind die wichtigen Angelpunkte (Schlüsselbegriffe) von *Café*?
– Welche Beziehungen bestehen zwischen den Schlüsselbegriffen?
– Welche soziale Funktion (Bedeutung) haben sie für die anderen anwesenden Leute?

Hier sehen Sie in Form einer grafischen Darstellung (Collage) das Arbeitsergebnis einer französischen Gruppe.

Müller (1983), 6

Der Bericht der Gruppe macht deutlich, wie die Collage „gelesen" werden soll:

„Das Wichtigste im *Café* waren (für uns) die *Beleuchtung*, das Gefühl der *Intimität*, die *Präsentation der Kuchen* in der Kuchentheke und die Funktion des Cafés als *Treffpunkt*. Diese Kernbegriffe stehen im Zusammenhang mit anderen Beobachtungen. Bei

Kommentar

Treffpunkt fragten wir uns, ob man sich vorher verabredet oder ob Leute auch ohne Verabredung ins Café gehen und schauen, ob sie jemanden kennen, um sich dazuzusetzen. Die *Beleuchtung* ergab eine *Gemütlichkeit*, die wiederum vom *Material* der Einrichtung allgemein und durch die *gepolsterten Stühle* im besonderen hergestellt wurde …" (Tonbandnachschrift).

Die Frage, warum die Damen die Hüte aufbehielten, den Mantel jedoch ablegten, blieb offen. *Damen mit Hut auf dem Kopf* konnten mit keinem anderen Gegenstand oder Eindruck in Verbindung gebracht werden, das heißt, die Studenten und Studentinnen konnten keinen Zusammenhang dieser Bedeutungseinheit zu anderen finden. Dieser Sachverhalt lädt geradezu zum Fragen und Spekulieren (Hypothesen bilden) ein; er erfordert andererseits aber auch eine gewisse Ambiguitätstoleranz*, d. h., die Lernenden müssen zunächst einmal mehrere, zum Teil widersprüchliche Bedeutungshypothesen nebeneinander bestehen lassen.

In dieser Situation ist es ganz normal, daß man anfängt, sich Fragen zu stellen, warum, zu welchem Zweck, aufgrund welcher historischen Entwicklung etc. diese Dinge so angeordnet sind, wie sie im Café – visualisiert in der Collage – erscheinen, und die Beobachtungsgruppe hat dies auch sehr ausgiebig getan.

5.2 Suchfragen*

<table>
<tr><td>Problem</td><td>Wenn man Beobachtungen nicht direkt vor Ort – so wie in Beispiel 27 – machen kann, weil man im Ausland unterrichtet, dann gibt es kaum weniger Anlaß zum direkten Nachfragen. Filme oder Texte zum Beispiel, die im Unterricht verwendet werden, fordern ebenso zum Fragen heraus. Doch wird in der Schule das selbständige Fragen im Interesse der unmittelbaren Lernziele oft in eine bestimmte Richtung gelenkt und teilweise in manchen Kulturen auch negativ bewertet. Die meisten Schüler haben es nicht gelernt (oder wieder verlernt), kulturelle Hintergründe zu erforschen und anhand von Hypothesen suchend etwas zu erfragen. Daher muß im Interesse einer landeskundlich orientierten Wortschatzarbeit diese <u>Lernhaltung</u>* in einem längeren Prozeß und mit verschiedenen didaktischen Verfahren erst vermittelt und allmählich erworben werden.</td></tr>
<tr><td>Lösungsvorschlag 1</td><td>Lado (1976, 59f.) hat <u>Form, Inhalt</u> und <u>Distribution</u>* als Kriterien angegeben, anhand derer man nach möglichen kulturellen Unterschieden fragen kann. Man könnte also Lernende dazu auffordern, nach äußeren Unterschieden (Form), nach ihrer Bedeutung (Inhalt) und nach der örtlichen und zeitlichen Relevanz (Distribution) von *Zeitung* oder *Café* oder anderem zu fragen. Erfahrungen zeigen jedoch, daß diese drei Kategorien zur Bestimmung fremder Begriffe nicht ausreichen. Besonders auf niedrigem Sprachniveau müßten zusätzlich gezieltere Fragetypen (vgl. S. 82/83) entwickelt werden.</td></tr>
<tr><td>Lösungsvorschlag 2</td><td>Natürlich kann man durch Vorinformationen, Entlastungs- oder Paralleltexte erreichen, daß beim Lesen kulturelle Verstehensprobleme verringert werden. Trotzdem halten wir es für besser, die Fragen der Schüler zum Inhalt fremder Ausdrücke bzw. zu fremden kulturellen Verhältnissen allgemein in <u>gezielte Suchfragen</u> zu überführen. Dadurch werden sie aktiv und konstruktiv am Unterricht beteiligt (schülerbezogenes Lernen). Außerdem kann man – besonders in multinationalen Klassen – nicht alle Verstehensprobleme eindeutig vorhersehen und durch Vorinformationen vermeiden.</td></tr>
<tr><td>Definition</td><td>Unter Suchfragen verstehen wir hier alle Fragen, mit denen Lernende versuchen, die kulturellen Inhalte von sprachlichen Ausdrücken oder fremdkulturellen Wahrnehmungen zu erarbeiten, sie in den fremden Kontext einzuordnen und dabei gleichzeitig in Beziehung zur eigenen Kultur zu setzen.</td></tr>
</table>

Die im folgenden zusammengestellten Fragen zum Begriff *Café* wurden ganz bewußt aus einer Fremdperspektive formuliert; sie stammen von deutschen und ausländischen Studenten und zeigen deutlich, daß die unterschiedlichen kulturellen Ausgangssituationen viele verschiedene Hypothesenbildungen widerspiegeln. Sie machen zudem deutlich, daß die Fragenden nach den Funktionen suchen, die die Gegenstände in der deutschen Kultur haben, um dann in der eigenen Kultur Äquivalente, d. h. <u>funktionale Äquivalente</u>, bestimmen zu können. Diese erst geben die Grundlagen für einen <u>Kulturvergleich</u>.

*Die folgenden Suchfragen beziehen sich auf den Text „Begegnung im Café"
auf Seite 44.*

a) *Klassifizieren Sie die Suchfragen nach Funktionen (Frage nach kulturspezifischen Gründen, historischen Entwicklungen, nach zeitlicher Ver-
teilung oder nach zeitlichem Ablauf, nach Generalisierbarkeit etc.).
Ergänzen Sie die Suchfragen gegebenenfalls aus Ihrer Perspektive.*

b) *Versuchen Sie, aus der einen oder anderen Frage die kulturelle Erfahrung herauszulesen, die diese Frage bei ausländischen Studenten
ausgelöst hat.*

Funktionen

Suchfragen der Lernenden zu „Café":

– *Geht man dahin, um Bekannte zu treffen,
die gerade dort sind?* _____

– *Wann geht man ins Café?* _____

– *Wer bezahlt, wenn mehrere Personen
zusammen ins Café gehen?* _____

– *Geht man ins Café auch, um allein zu
sein?* _____

– *Kann man sich zu anderen an den Tisch
setzen?* _____

– *…*

Suchfragen der Lernenden zu „Dame in Schwarz":

– *Warum trägt sie Schwarz?* _____

– *Tragen nur Damen Schwarz?* _____

– *In welcher Lebensphase?* _____

– *Ist Schwarz eine Farbe für eine
Berufskleidung?* _____

– *Welche Symbole sind mit Schwarz
verbunden?* _____

– *Ist das modisch?* _____

– *…*

Suchfragen der Lernenden zu „sich nett unterhalten":

– *Worüber spricht man?* _____

– *Wie engagieren sich die Sprecher für
bestimmte Ideen?* _____

– *Gibt es Rituale dabei?* _____

– *Bedeutet „nett", daß man lustig wird?* _____

– *Wer hat eine stärkere Position beim
Reden?* _____

– *…*

Kommentar	Diese Fragen zeigen, daß nach dem Identifizieren der Wortbedeutung durch den Lehrer oder auch nach der direkten Erfahrung bei den Lernenden noch sehr viele Aspekte der Gesamtbedeutung offen bleiben. Sie zeigen weiterhin, daß dann, wenn sie gestellt werden, auch größere Bedeutungskomplexe, das heißt Beziehungen von Begriffen untereinander, klarer werden.
Systematisierung	Im Rahmen verschiedener Fortbildungsveranstaltungen wurde versucht, zusammen mit den teilnehmenden Lehrerinnen und Lehrern verschiedene Zielrichtungen von Suchfragen zu definieren und ihnen konkrete Fragehandlungen zuzuordnen. Dabei entstand ein Raster mit Fragetypen, das möglicherweise auch zur Erschließung anderer Begriffe oder Situationen herangezogen werden kann.

Frageraster am Beispiel *Café* (= X)

1. Innen-/Außenperspektive

   - Ist X eher ein privater oder ein öffentlicher Ort?
   - Ist X eher ein geschlossener oder ein offener Raum?
   - Ist man dort allein oder in der Gruppe?

2. Soziologische Perspektive

   - Welchen sozialen Schichten gehören die Menschen an, die in X gehen?
   - Ist der Inhaber Angestellter oder Besitzer?
   - Gehen eher junge Leute oder ältere dorthin?

3. Distributionsperspektive

   - Wann, zu welcher Tageszeit/Jahreszeit geht man dorthin?
   - Was ißt/trinkt man dort?
   - Wie häufig besucht man X?
   - Wo (in einer Stadt, im Land, in der Region) befindet sich X?
   - Wie lange hält man sich dort auf?

4. Historische Perspektive

   - Gab es X schon immer?
   - Ist X gerade Mode?
   - In welcher Art hat es X früher gegeben?
   - Wie entwickelt sich X?

5. Kompositionsperspektive

   - Was enthält X in der Regel?
   - Aus welchen Teilhandlungen besteht X?

6. Intrakulturelle Vergleichsperspektive*

   - Wie grenzt sich X von Y (z. B. *Café* von *Kneipe* etc.) ab, das eine ähnliche Bedeutung hat?
   - Was ist ein typisches Gegenteil/Gegenthema von X (z. B. *häufig fernsehen / bewußt und kreativ leben* etc.)?

7. Interessenperspektive (Kausalität/Finalität)

   - Welche Ziele haben die Personen, die X aufsuchen/mit X in Verbindung treten?
   - Welche sekundären Ziele (z. B. *Ruhe, Lesen, modische Kleidung zeigen* etc.) haben diese Personen?

8. Symbol- und Wertungsperspektive

   - Wie wird X angesehen?
   - Als was wird es angesehen, X zu besuchen (= X zu gebrauchen)?
   - Welcher sozialen Gruppe wird X zugeordnet?
   - Löst X positive oder negative Gefühle aus? (subjektiv)
   - Welche positiven oder negativen Assoziationen kann X auslösen? (generell)

9. Funktionsperspektive (Zusammenfassung)

– Welche Funktion hat X im gegebenen (Kon-)Text?
– Welche allgemeinen Funktionen hat X?

10. Interkulturelle Vergleichsperspektive (Funktionsäquivalenz)

– Wie, wodurch, in welcher Situation etc. zeigt sich die für die Bundesrepublik Deutschland bestimmte Funktion in der eigenen Kultur (z. B. in einer anderen Institution wie z. B. *Salon de thé, Coffee House, Taverne* oder *Senioren-Treff* etc.)?

11. Wirkungsperspektive

– Wie wirkt X auf Menschen aus einer anderen Kultur bzw. auf mich selbst?

Aufgabe 38

a) Der Text im Beispiel 28 auf Seite 84 ist ein ehemaliger offizieller Prüfungstext für das Abitur im Fach Deutsch in Frankreich.

Versuchen Sie, den Zugang zu diesem Text zu vertiefen, indem Sie aus einer Fremdperspektive möglichst viele Suchfragen zu drei selbst-gewählten Begriffen stellen, z. B. zu „reisen", „es schön haben", „Füße zusammenstellen", „Mann", „Mutter", „Sonntagskind" etc.

b) Ordnen Sie Ihre Suchfragen den Frageperspektiven 1–11 im vorstehenden Raster zu. Ergänzen Sie gegebenenfalls das Frageraster.

Begriffe	**Suchfragen**	**Frageperspektiven**
1. _____	_____	_____
_____	_____	_____
_____	_____	_____
_____	_____	_____
_____	_____	_____
2. _____	_____	_____
_____	_____	_____
_____	_____	_____
_____	_____	_____
3. _____	_____	_____
_____	_____	_____
_____	_____	_____
_____	_____	_____

Die Suchfragen zeigen, wie Lernende selbst systematisch fremdkulturelle Inhalte erfragen können (im Zielsprachenland auch: komplexer erfahren). Das heißt, daß sie das tun, was in den ersten Kapiteln dieser Studieneinheit als fast unüberwindbares Hindernis erschien: die kulturspezifischen Beziehungen eines Begriffs zu seinen vielen Neben-, Über-, und Unterbegriffen zu bestimmen. Sie versuchen selbst, das vielfältige Verbindungssystem der Bedeutungen zu ergründen und entwickeln ihre kulturelle Neugierde weiter, wobei sie natürlich zeitlich und inhaltlich auch den Lehrenden die Arbeit erleichtern. Doch ein weit wichtigeres Lernziel scheint hier in große Nähe gerückt: Die Lernenden erwerben im Unterricht Strategien der Bedeutungserarbeitung, die sie auch sehr produktiv <u>außerhalb</u> des organisierten Lernens im Unterricht anwen-

Kommentar

den können. Suchfragen sind kognitive Lerntechniken, die in vielerlei Kontakten mit Deutschen bzw. während des Aufenthaltes in Deutschland angewendet werden können und die die Qualität der eigenen Erfahrungen mit der fremden Kultur erhöhen.

Moment über dieser Sandkastenlandschaft

(...)

„Wenn ich groß bin, reise ich ans Ende der Welt." Mutter hat meinen Zauberspruch vergessen. In den letzten Jahren war ich oft unterwegs. „Du sollst es schön haben", sagt Mutter und lächelt. Und ich lächle, damit Mutter an mein Schönhaben glaubt, damit sie nicht auf den Gedanken kommt, ich könnte ruhelos sein, immer auf der Suche, immer von der Sehnsucht nach dem
5 Unbestimmten erfüllt.

(...)

Mutter rammt mit dem Gepäckwagen eine Säule und sieht mich erschrocken an. Wie sie mit den Augen um Verzeihung fleht! Es gab immer jemanden, der sie musterte, ihren Bewegungen folgte, über ihre Ungeschicklichkeit den Kopf schüttelte. Daß Mutter stets meinen strafenden Blick erwartet. „Das macht doch nichts", sage ich, „Säulen, wo du den Wagen durchfahren mußt." Wir
10 schieben den Wagen lachend zur Wartehalle.

(...)

Gruppen von Menschen kommen und gehen, ihre Schritte sind kaum zu hören. Mutter stellt die Füße zusammen und zieht den Rock über die Knie. „Nimm dich zusammen!" „Zeig guten Willen!" „Tu, was man dir sagt!" Sie muß diese Sätze oft vernommen haben, gliederte sie dem eigenen Wortschatz ein. Nachgeben, sich fügen: Mutter kannte nur Regeln für ein Leben im
15 Schutz des Mannes.

(...)

Ich zähle die Städte auf, die ich besuche. Ihr klingen alle Namen fremd. Und alle Flughäfen liegen in derselben Ferne. „Du wirst dich erkälten", sagt sie, „in deinem dünnen Kleid." „Wo ich hinfliege, ist Wärme, Mutter."

Unaufhörlich starten und landen Maschinen, Motoren heulen, Tankwagen und Jeeps rollen über
20 das Feld. „Ich wollte, du wärst schon zurück", sagt Mutter plötzlich und faßt mich am Arm.

„Auf mich aufpassen, dies sollte ich inzwischen gelernt haben." Mutter nickt, „ein Sonntagskind bist du. Dir glückt alles." Was weiß Mutter von mir? Nur soviel ich erzähle. Es geht mir immer gut. Ich kann tun und lassen, was ich will. Ich bin immer beschäftigt und kann mir ab und zu Reisen leisten. Ich habe nicht das Gefühl, immer kämpfen zu müssen, immer in die Enge
25 getrieben zu werden, ich kenne keinen Drang auszubrechen. Meine Schönsätze!

Ich vermittle Mutter den Eindruck, daß ich alles mit Leichtigkeit schaffe, daß ich meine Freiheit genieße, daß ich alle Geborgenheit in mir selbst gefunden habe, daß meine Reisen nur Spaß sind, daß ich nie flüchten will, zu keinem Platz der Welt.

(...)

Schriber © (1981), 9–13

In manchen Lehrbüchern werden daher möglichst auch interkulturelle Situationen dargestellt, in denen Deutsche nicht mit Deutschen, sondern mit Fremden in einen Dialog treten. Diese Gespräche weisen Besonderheiten auf: Sie zeigen, wie die handelnden Personen die jeweiligen eigenen Begriffe und Begriffswelten beim anderen als gleich voraussetzen und wie sich daraus Fragen über Kulturunterschiede sowie Erklärungen ergeben.

a) Suchen Sie aus dem Text in Beispiel 29 auf Seite 85 die Stellen heraus, wo die Handelnden beim anderen ein gleiches Verständnis einer Sache gegenüber bzw. generell ein gemeinsames kulturelles Wissen voraussetzen.

b) Versuchen Sie, die im Text auftretenden Fragen als Suchfragen (anhand des Fragerasters auf Seite 82/83) zu klassifizieren.

c) Welche Fragen hätten Sie (in der Rolle von Kong oder in der Ihrer eigenen Person) an den fremden Besucher gestellt?
Versuchen Sie, das Frageraster anzuwenden.

Personen: Kong (offizieller Reisebegleiter)
Tung (Dolmetscher)
Ich = Erzähler (Schweizer, auf Besuchsreise in China)

Draußen, an der hellen Luft, fiel das Gewicht dieser Halle körperlich von mir ab. Das Leben des Stahls röhrte wieder unter Verschluß, wie ein gebändigtes Gewitter. Ich fühlte mich in die Leere treten und hatte Mühe, nicht zu fallen: Da war es wieder Kong, der mich am Arm hielt. Es ist sehr schmutzig hier, übersetzte Tung, und ich meinte Ironie in Kongs
5   Miene zu sehen; langsam konnte ich wieder sehen. Kong drängte nicht mehr, daß wir den andern folgten; wir schlenderten einem Wandbild entgegen, das den Vorsitzenden Hua mit seinem biederen Lächeln aus hellblauem Himmel zeigte; er lächelte ungerührt über eine gleichfalls strahlende Schar junger Fahnenträger hinweg. Kong blieb stehen und fragte, ob ich vergleichbare Betriebe in meiner Heimat kenne. – Weder vergleichbare noch andere,
10 bat ich zu übersetzen, ich hätte es in meinem Beruf nur mit den Folgen der Industrie-gesellschaft zu tun. – Welchen Beruf ich habe? ließ Kong fragen. – Was sagte ich hier am besten? Ich sei psychologischer Berater. – Kong lächelte nicht mehr, er schien meinem Beruf ein Gewicht zu unterstellen, das einen Mann erdrücken mußte. – Was ich arbeite? ließ er nachfragen. – Ich beriete Leute, wie sie ihre Schwierigkeiten am besten lösen
15 könnten. – In welchem Betrieb? – In keinem Betrieb, ich unterhielte eine freie, ich wolle sagen: private Praxis. – Um welche Produktionsschwierigkeiten es sich handle? – Wir gingen langsam weiter; einzelne Arbeiter sahen uns nach, aber sie klatschten nicht; auf einem Stoß von Metallträgern saß eine Gruppe und rauchte. Ich hatte nicht den Eindruck, daß die Besucher sie befangen machten oder ihre Ruhe störten. Keiner bemühte sich um
20 „Haltung", als wir dicht an ihnen vorbeigingen. – Die Schwierigkeiten, mit denen ich es zu tun habe, seien ebenfalls vorwiegend privater Natur. Jedenfalls würden sie in meinem Land so erklärt. Es handle sich um menschliche Beziehungen, z. B. diejenigen zwischen Mann und Frau. – Er habe gehört, daß es bei uns Eheberater gebe, sagte Kong, ob ich ein solcher sei? – Ein solcher sei ich nicht, bat ich Tung zu übersetzen. Die Beziehungen, für
25 die ich als Berater tätig sei, stellten bei uns ein so weitläufiges Problem dar, daß es mit der Eheschließung allein nicht zu lösen sei. Oft stelle die Ehe selbst das Problem dar, jedenfalls erschiene es meinen Klienten so. – Hier fragte Tung aus eigenem Antrieb zurück, ob ich Jurist sei. – Nein, wie er darauf komme. – Ich hätte von Klienten geredet, aber vielleicht sei sein Deutsch mangelhaft. – Ich hätte vielleicht eher von Patienten reden sollen. – Aha,
30 sagte Tung wie erleichtert, und begann wieder zu übersetzen. Ich sei also Arzt. – Das wieder nicht, ich versuche den Leuten, die zu mir kämen, vielmehr den Arzt zu ersparen. – Damit leiste ich meinen Beitrag zur Produktion, ließ Kong sagen, je weniger Krankheiten, desto besser die Leistung. – Viele meiner Patienten seien gerade wegen zu viel Leistung krank geworden, sagte ich, denn in gewissem Sinn krank könne man sie schon nennen. Aber die
35 Art der Krankheit sei so, daß schon das Eingeständnis, es könne sich um eine solche handeln, meine Patienten einerseits belaste, andererseits aber auch ihre Gesundung einleiten könne. Dieses Eingeständnis, daß sie eigentlich krank seien, falle den Menschen bei uns sehr schwer, besonders Männern. – Wir standen wieder still, diesmal vor einer Tafel, auf der etwa hundert Fotografien von Männern und Frauen in ovale Rähmchen
40 geklebt und mit Kirschzweigen umrankt waren. Tung blickte in tiefer Verlegenheit vor sich zu Boden, er wußte nicht, ob er recht verstanden habe, und Kong schien doch recht dringend auf seine Übersetzung zu warten. –

Muschg (1983), 170–173

5.3 Didaktische Konsequenzen

In welcher Phase des Unterrichts sind Suchfragen sinnvoll? Bei der Bedeutungser-schließung mit Hilfe von Suchfragen belassen die Lernenden den zu bestimmenden Ausdruck zunächst einmal im kulturellen System des Zielsprachenlandes und versu-chen, ihn dort zu „orten". Das heißt, die Lernenden bemühen sich – soweit wie mög-lich –, fremdkulturelle Eigenheiten und Zusammenhänge des fremden Ausdrucks bzw. Gegenstandes zu erfragen. Insofern ist der didaktische Ort der Suchfragen vor den expliziten (Kultur-)Vergleichen anzusiedeln. Denn nur durch gezielte Suchfragen werden u. a. kulturelle Funktionen deutlich, die dazu benötigt werden, die oben genannten Funktionsäquivalenzen herzustellen. Daher können die Lernenden im Anschluß an die Erarbeitung von Suchfragen die angestrebten Kulturvergleiche auch besser anhand solcher kulturneutraler Vergleichskriterien ziehen, beispielsweise so:

Als was zeigt sich X (z. B. zerschnittene Jeans tragen) in seiner Funktion als Y (= gemeinsames Vergleichskriterium, hier z. B.: Ausdruck von Lässigkeit) in unserer Kultur?

Die in diesem Beispiel enthaltene Formel

- *Was bedeutet ein Begriff X in Kultur A,*
- *in seiner Funktion als Y (Angabe des Vergleichskriteriums)*
- *in Kultur B und*
- *wie zeigt er sich dort?*

ist die Grundlage für adäquate Vergleiche und stellt gleichzeitig ein sehr weitreichendes Lernziel einer kulturorientierten Wortschatzdidaktik dar. Sie ermöglicht, sich sowohl von Bedeutungen im engeren Sinn als auch von den manchmal oberflächlichen ersten Eindrücken vom Erklärungsgegenstand selbst zu lösen. Sie ist die Grundlage für das Verstehen des Fremden, indem nicht mehr intuitiv gefragt wird, warum man denn komischerweise in Deutschland beispielsweise Hunde „wie Kinder und sogar noch besser" (Meinung eines Ausländers in Tübingen) behandelt. Denn dabei setzt der ausländische Beobachter möglicherweise seinen eigenkulturellen Begriff von *Hund* als *Arbeitstier* voraus. Angemessener wäre es, beispielsweise von „Hunden in ihrer Funktion als Kommunikationspartner von sich einsam fühlenden Menschen" zu sprechen. Dabei müssen sich Lernende dann überlegen, welche äquivalenten Beschäftigungsmöglichkeiten es in ihrer Kultur für solche „sich einsam fühlende Menschen" gibt. Möglicherweise wird *Hund* dann funktionsäquivalent mit jap. *Badehaus* (in Japan werden ältere einsame Menschen manchmal tagsüber in einem Badehaus abgesetzt, wo sie sich mit ihresgleichen unterhalten können), mit span. *Familie* (in Peru beispielsweise bleiben die Älteren weiter im Arbeitsprozeß der Großfamilie und sind nur selten auf „Unterhaltung" angewiesen) etc. gesetzt. Bezüglich dieser Funktion von *Hund* ist dann die Sorge und die Versorgung, die man ihm in Deutschland zuteil werden läßt, auch eher vergleichbar mit dem Status, den die Äquivalente im Herkunftsland der Beobachter einnehmen. Es ist nicht das Ziel der Funktionsäquivalenzen, die auch in den folgenden Aufgabenstellungen erarbeitet werden sollen, ähnliche Gegenstände aus verschiedenen Kulturen zu vergleichen und sich über den unterschiedlichen Gebrauch zu amüsieren (auch wenn das ein beliebtes Spiel bei der Sicherung der eigenen kulturellen Identität ist), sondern das Ziel ist, aktiv nach den Funktionen der fremden Erklärungsgegenstände zu forschen und diese dann in Beziehung zu setzen. Dabei können – und das soll abschließend herausgestellt werden – viele Funktionen von Gegenständen der eigenen Kultur entdeckt werden, die vorher relativ unbewußt assimiliert worden sind.

Aufgabe 40

Gehen Sie zurück zu den Texten des Briten und des Norwegers (S. 32–34) über die deutsche Familie. Versuchen Sie, anhand der Beschreibungen dessen, was die beiden sehen, herauszuarbeiten, mit welchen Suchfragen man den komplexen Begriff „Familie" erfassen kann.

Suchfragen

Familie _____

_____

_____

_____

_____

_____

_____

a) *Lesen Sie den Lehrwerkdialog in Beispiel 30 (aus: „Sprachbrücke“), in dem ebenfalls eine interkulturelle Situation vorgestellt wird.*

b) *Erarbeiten Sie dann (in kleinen Gruppen), welche Suchfragen die etwas ratlosen Deutschen zu welchem fremdkulturellen Begriff stellen.*

c) *Versuchen Sie, diese Fragen anhand des Fragerasters (vgl. S. 82/83) zu typisieren.*

Suchfragen zum fremdkulturellen Begriff	Fragetyp

A 1 Eine Einladung und viele Fragen

Gerda, Beate, Hans und Peter Klinger sind unsicher und ratlos.

HK: Seht mal, eine Einladung von Herrn Tossu zum Geburtstag seiner Tochter.

BK: Ach, dann ist die Einladung für mich?

HK: Das glaube ich nicht. Seine Tochter ist doch noch ein kleines Baby.

GK: Tja, wen hat er denn nun eingeladen: nur dich oder uns beide? Oder dürfen auch die beiden Kinder mitkommen?

HK: Was meinst du, Gerda, soll ich meinen dunklen Anzug anziehen?

GK: Denkst du denn, daß es da so formell ist?

BK: Ich bleibe aber in Jeans!

HK: Kommt nicht in Frage! Das erlaube ich nicht!

GK: Laß sie doch, Hans! Warum verbietest du immer alles?

GK: Übrigens, was sollen wir denn mitbringen?

HK: Na, wie üblich: Blumen für die Dame und Schokolade für die Kinder.

GK: Meinst du, das macht man hier auch so?

HK: Ja. Oder lieber eine Flasche Wein?

PK: Hier darf man doch keinen Alkohol trinken.

HK: Also, mir ist alles ziemlich unklar. Sollen wir pünktlich um 18 Uhr da sein oder erst etwas später kommen?

PK: Und gibt's was zu essen, oder müssen wir vorher im Restaurant essen?

HK: Oje, was man alles beachten muß! Was meint ihr, soll ich Herrn Tossu noch mal anrufen, oder ist das unhöflich?

> Tomi Tossu
> Telefon:
> 212 555
>
> Lieber Herr Klinger,
>
> am nächsten Samstag feiern wir den ersten Geburtstag unserer jüngsten Tochter.
> Wir möchten Sie herzlich dazu einladen.
> Unser kleines Fest beginnt um 18 Uhr.
> Meine Adresse kennen Sie ja.
>
> Mit herzlichen Grüßen
> Ihr Tomi Tossu

Mebus u. a. (1987), 120

> *Bereiten Sie den Text aus Beispiel 31 für eine Unterrichtseinheit auf, die Ihren Lernenden die Rolle von Suchfragen deutlich machen soll. Dazu müßten die Lernenden zuerst die Begriffe herausarbeiten, die im Gespräch zwischen Lunija (einem Wesen, das nicht von dieser Erde ist) und José (einem Ausländer, der in Deutschland einen Sprachkurs besucht) zu Verstehensproblemen führen.*

Beispiel 31

Gespräch mit Lunija

Lunija	*José*
Hallo, José!	*(erfreut)* Lunija! Da bist du ja wieder. Wie bist du denn hierher gekommen?
Ganz einfach: Ich blinje, und du blinjest auch, und dann bin ich bei dir.	Was sagst du? Ich blinje auch? Aber das kann ich doch gar nicht.
Doch, das kannst du. Du weißt es nur nicht. Alle Menschen können blinjen.	*(ungläubig)* Und wie?
Hm – das kann ich dir nicht genau erklären. Ich weiß nur, alle Menschen können mit speziellen Signalen Kontakt aufnehmen.	*(immer noch ungläubig)* Mit speziellen Signalen?
Ja, aber nicht alle Menschen können die Signale von allen anderen verstehen, nur die von gleichen oder ähnlichen Systemen.	Meinst du von gleichen oder ähnlichen Sprachen?
Nein, Sprachen sind da nicht so wichtig. Wichtig sind die ähnlichen Systeme.	*(nachdenklich)* Hmm. Das versteh' ich nicht.
Hm – hast du nicht manchmal ohne Sprache Kontakt mit anderen Menschen?	*(zögernd)* Hm. Doch, schon.
(erfreut) Siehst du, das ist blinjen. Und du hast gesagt, du hast mich lieb. Dann geht das ganz einfach. *(kleine Pause – in verwundertem Ton)* Aber es ist hier ganz anders!	Ja, ich bin nicht mehr in meinem alten Zimmer.
Warum denn nicht?	Mein erster Sprachkurs ist zu Ende, und jetzt will ich hier an der Universität weiter Deutsch lernen.
Ach so! Wie lange bleibst du denn in dem Zimmer?	Nur ein paar Tage. Das ist nämlich ein Hotelzimmer.
Was bedeutet denn Hotel?	Das ist ein Haus mit vielen Zimmern – manchmal mit einem Bad oder einer Dusche.
Also ein Schlaf- und Waschhaus! Und da können alle Leute hingehen?	Ja, aber sie müssen das bezahlen.
Bezahlen?	Ja, das Hotel will für das Zimmer Geld.
Und wie bekommt man Geld?	Oh je! Wie kann ich dir das erklären? Also, *(überlegt)* die Menschen arbeiten, sie tun etwas für andere, und dafür bekommen sie Geld.
Hmmm – und was ist deine Arbeit?	Ich bin Student.
Bekommst du dafür Geld?	Nein, nein, ich muß das Studium bezahlen.
(überrascht) Uuuuuih, uuuuuih! Und woher hast du das Geld?	Ich habe Glück. Meine Eltern bezahlen mein Studium.

Bezahlen deine Elten auch das Hotelzimmer?

Ja, aber das ist teuer, und ich muß schnell ein Studentenzimmer finden.

Warum bist du denn nicht in deinem alten Zimmer geblieben?

Von da war die Universität zu weit weg. Müßt ihr eigentlich in Lunaria nicht lernen?

Doch, aber wir lernen nicht so wie hier. Nicht mit Streß – wie du gesagt hast –, sondern lernen macht bei uns Spaß.

Wir haben ein Programmierzentrum, und da hören wir Lernkonzerte.

(ungläubig) Und wie macht ihr das?

Ja, da fließen die Programme mit einer speziellen Musik in uns hinein. Du kennst doch die Musik! Denk mal an unser Experiment!

(verständnislos) Lernkonzerte?

Nein, warum? Die sind doch in uns drin.

Ja, aber fließen die Programme nicht auch wieder hinaus?

Ja, bei uns auch, aber oft nur wenige Tage, und dann sind sie wieder weg.

Gibt es denn bei euch keine langsame Lernmusik?

Doch, langsame Musik gibt es.

Dann versuch es doch mal damit.
Uuiiiih! Die Sonne kommt. Ich muß wieder zurück nach Lunaria.

Bis bald, Lunija! Hoffentlich schon in meinem neuen Zimmer! Mach's gut!

Vorderwülbecke/Vorderwülbecke (1988), 189f.

5.4 Zusammenfassung

Im Kapitel 5 ging es um die Bedeutungsvermittlung als komplexe Unterrichtsphase, in der Lernende und Lehrende mit dem Ziel zusammenarbeiten, fremde landeskundliche Bedeutungen zu erschließen. Eine wesentliche Rolle spielen dabei die Techniken der Suchfragen, die die Lernenden zur Bedeutungsermittlung einsetzen. Sie lernen, landeskundliche Strategien anzuwenden, die auch für den außerunterrichtlichen interkulturellen Lernprozeß äußerst wichtig sind. Ziel dieser Strategien ist die Loslösung von äußerlichen Eindrücken zugunsten der Erforschung der Funktion von Dingen, Vorstellungen oder Handlungen, wie sie in der fremden Kultur gelten. Erst die Beschäftigung mit solchen funktionalen Bedeutungsaspekten ergibt eine Grundlage für angemessene Vergleiche zwischen Kulturen und eine sicherere Basis für das gegenseitige Verstehen.

6   Schlußbetrachtung

Das wichtigste Anliegen dieser Studieneinheit ist es, neben allgemeinen Forderungen zur interkulturellen Didaktik des Deutschunterrichts ganz konkrete unterrichtspraktische Verfahren darzustellen, eingegrenzt auf den Bereich der Wortschatzarbeit. Innerhalb der vorgestellten didaktischen Schritte ist vor allem das Stellen von <u>Suchfragen</u> durch die Lernenden und die sich daraus ergebende gemeinsame dialogische Erkenntnisarbeit (Schüler – Lehrer – Schüler – Schüler) die wichtigste Perspektive. Diese Lernhaltung müßte ein notwendiges Ergebnis einer jeden landeskundlich-begrifflich orientierten Bedeutungsvermittlung und Verständniskontrolle sein. Das Stellen von Suchfragen läßt sich jedoch nicht wie andere Lehrmethoden in allen Einzelheiten planen und stellt daher in einem lehrerorientierten Fremdsprachenunterricht Deutsch möglicherweise (noch) einen Fremdkörper dar. Besonders durch die Herausarbeitung der Bedeutung von Suchfragen der Lernenden soll der Unterrichtsphase <u>Bedeutungsvermittlung</u> eine neue Funktion gegeben werden. Diese ist gekennzeichnet durch eine produktive, vielleicht manchmal unbestimmbare, aber sicherlich ehrlich gemeinte Intention, persönliche Interessen der Lernenden in einen forschenden Dialog im Unterricht zu überführen. Dieses allgemeine pädagogische Ziel wird bestärkt durch Menschen, die durch Beobachtung und besondere Aufmerksamkeit für Prozesse des Bedeutungslernens ihren Blick für den Ablauf von Lernprozessen geschult haben:

Zitat

„Wie jeder Schulmeister liebe ich es zu unterrichten und bin stolz, wenn mein Schüler gelernt hat, was ich ihn lehren wollte. Nur auf eines bin ich noch stolzer: das große Glück, zufällig einen Lernprozeß zu beobachten, der nicht durch mein Lehren, sondern durch meine bloße Gegenwart ausgelöst wurde …

Eines der Kinder, von denen ich so viel lernte, war ein Knabe, Bastian, geboren am 27. April 1970, jetzt neun Jahre alt. Abgesehen von *einer* Periode wirklichen Unterrichts gibt mein Bastian-Tagebuch nur zufällige Beobachtungen seiner Entwicklung wieder, meist bei Spaziergängen, vom Alter von zwei Jahren an. Da ich gerade über Kinder klagte, die nicht wagen, Fragen zu stellen, muß ich gestehen, daß er es war, der mich verwöhnt hat. Ich redete zu ihm immer in der Sprache der Erwachsenen, aber er akzeptierte niemals aus meinem Mund ein Wort, das er nicht verstand, und er war so geduldig, so lange die Frage zu wiederholen, bis er meinte, mich verstanden zu haben. Wenn er mich nicht verstand, fragte er: ‚Was sagst du, Opa?‘ (Ich übersetze das wörtlich aus dem Niederländischen; eigentlich, in der Erwachsenensprache, bedeutet es: ‚Wie bitte?‘) Das war seine Formel bis zum 15.2.1975. An dem Tage … geschah es zum ersten Male, daß er statt diese Formel zu verwenden, nach der *Bedeutung eines Wortes* fragte, das ich gebraucht hatte. Von jenem Tage an fragte er immer nach der Bedeutung eines Wortes (oder einer Konstruktion), wenn er etwas nicht verstand; er griff nie mehr auf die alte Formel zurück.

Ich erzählte diese Geschichte als Beispiel dessen, was ich gerne *Beobachtung von Lernprozessen* nenne, die Beobachtung von *Sprüngen*, von Unstetigkeiten. (Es ist meine Theorie, wenn ich überhaupt eine habe, daß sich Lernen sprunghaft vollzieht). In Prozessen wie dem des Lernens ist das einzige, was man zuverlässig beobachten kann, der Sprung, und bei kleinen Kindern kann das erleichtert werden durch Gefühlsausbrüche, die die Sprünge anzeigen."

Freudenthal (1980), 328f.

Diesen Blick dafür, wann das Wesentliche ins Blickfeld der Lernenden rückt, sollten auch wir uns trotz aller erforderlichen schrittweisen didaktischen Progression bewahren.

Allerdings muß man hinzufügen, daß das Fragenstellen – wie Ehnert (1988) betont – vor allem für westliche Länder charakteristisch ist. Ehnert illustriert seine Meinung mit der Erzählung von El Loko: Bei der Rückkehr aus Europa in sein Dorf nahe Lomé (Togo) möchte der Held ergründen, wie die Natur und das Leben sich so verändern können, wie er sie vorfindet. An europäische Kommunikationsstrukturen gewöhnt, stellt er Fragen über Fragen, erhält jedoch keine Antworten:

Zitat

„… Ich erkundigte mich nach dem Dorf, doch keiner gab eine Antwort. Ich riskierte eine weitere Frage, aber die Gesichter blieben stumm. Entsetzt über die Stille, suchte ich nach Blicken, doch jeder wich mir aus. Jeder, mit Ausnahme meines Onkels. Als sich unsere Augen trafen, wurde mir unwohl. So hatte dieser Mann mich noch nie angesehen. In den tiefen, sanften, müden Augen meines Onkels lag eine schwere Anschuldigung, die bleiern auf mein Gewissen drückte. Er schüttelte lächelnd den Kopf: ‚Wenn es etwas gibt, das du wissen mußt, dann braucht keiner es dir zu sagen. Du wirst selbst früher oder später dahinterkommen. Gute Nacht.‘ Er nahm seine Petroleumlampe und verschwand hinter der Tür, die zu seinem Schlafzimmer führte. Ich blieb grübelnd zurück. Wie eine Droge, die wieder aktiv wurde, dröhnte der Satz noch einmal in meiner Seele: ‚Wenn du wachsen willst, dann höre auf, dem Warum nachzustreben.‘ Ich erhob mich und ging zu Bett.“

El Loko; zitiert nach: Ehnert (1988), 303

Dieses letzte Zitat soll zeigen, daß auch das forschende Sich-Erkunden nicht blind mit Fragenstellen gleichgesetzt werden kann. In nichtwestlichen Kulturen werden – hier kommen nun Funktionsäquivalente ins Spiel – möglicherweise andere Mittel bevorzugt. Diese gilt es herauszufinden, was jedoch den Rahmen der vorliegenden Studieneinheit sprengen würde.

Das abschließende Argument für das Lernverhalten Suchfragen stellen ist eher eine Erklärung. In der Einleitung wurde behauptet, es bestehe ein Zusammenhang zwischen Wörtern (als Trägern von Bedeutungen, wie in Kapitel 2 und 3 dargelegt wurde) und Landeskunde. Prinzipiell ist das richtig, nur braucht dieser Zusammenhang Handlungen, also jemanden, der diesen Zusammenhang durch Handlung erst herstellt. Diese Personen – das wurde im letzten Kapitel gezeigt – sind vor allem die Lernenden. Und die Handlungen – das sind Fragestellungen.

7 Lösungsschlüssel

Nicht für alle Aufgaben in dieser Studieneinheit wird von uns ein Lösungsvorschlag unterbreitet. Eine Reihe von Aufgaben ist so formuliert, daß es meist mehrere Antwortmöglichkeiten gibt, etwa die Fragen nach <u>Ihrer</u> Interpretation oder nach <u>Ihren</u> Unterrichtserfahrungen. In diesen Fällen sind die gegebenen Lösungen lediglich als <u>eine</u> denkbare Antwort zu verstehen. Manchmal stammen die Lösungen auch direkt aus der „Praxis", d. h., es handelt sich um Antworten, die Teilnehmer an Deutschkursen gegeben haben.

<u>Aufgabe 1</u>

$U = 21;$ $V = 3;$ $D = 5$ bzw. 6

<u>Aufgabe 2</u>

Es gibt zu dieser Aufgabe natürlich nicht nur eine absolut richtige Lösung. Hier die Ergebnisse von verschiedenen Personen aus unterschiedlichen Ländern (mit Angabe des Geschlechts):

1 – 3: Pferd – Straße – Café (Irland, männl.)
Pferde – verkaufen – Tiermarkt – Durst – Café (Kasachstan, weibl.)
Pferd – reiten – Gesellschaft – Café (Ungarn, weibl.)
Pferd – Araber – Süden – Café (Frankreich, männl.)

2 – 4: Handel – Spielzeug – lieb (Irland, männl.)
Handel – Verkäufer – lachen – verliebt (Kasachstan, weibl.)
Handel – Geschenk – Geburtstag – lieb (Ungarn, weibl.)
Handel – Reise – Freunde – lieb (Frankreich, männl.)

<u>Aufgabe 3</u>

Auch diese Aufgabe wurde exemplarisch gelöst. Die Teilnehmerinnen und Teilnehmer eines Deutschkurses erhielten dazu einen Text, aus dem sie Begriffe auswählen konnten.

<u>Begriffe</u>   <u>Assoziationen</u>

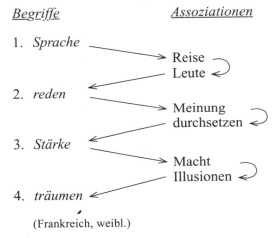

(Frankreich, weibl.)

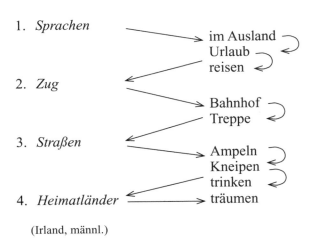

(Irland, männl.)

92

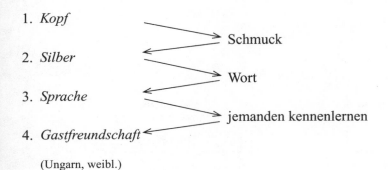

1. *Kopf*

           Schmuck

2. *Silber*

           Wort

3. *Sprache*

           jemanden kennenlernen

4. *Gastfreundschaft*

(Ungarn, weibl.)

Aufgabe 4 a

Koordination: Grenze: Zoll + Grenzkontrolle + Grüne Grenze
Kollokation: Grenze – auf; Mauer – zu; vergnüglich – Stunde
Subordination: Falter: Kohlweißling – Zitronenfalter
Synonyme: Schmetterling – Falter; vergnüglich – spaßig – genüßlich
Antonyme: vergnüglich – stressig

Aufgabe 4 b

Wörter	*Begründung*
Grenze – Schießbefehl	Hier handelt es sich um einen besonderen historisch-politischen Zusammenhang, der normalerweise nicht zwingend ist.
vergnüglich – Spucke	Der Zusammenhang ist vielleicht sehr subjektiv geprägt, auch wenn S. Freud da vielleicht anderer Ansicht wäre.
Schmetterling – Jean Paul	Kulturspezifischer, literaturgeschichtlicher Bezug auf den deutschen Dichter Jean Paul (1763 – 1825), der in seinen humoristischen Romanen scheinbar idyllische Naturbetrachtungen mit satirischen Beschreibungen verbindet.

Aufgabe 5

Vergleichen Sie Ihre Ergebnisse mit den folgenden Bewertungen von Sprachkursteilnehmern aus drei verschiedenen Ländern (Erhebung März 1992):

	Land 1	Land 2	Land 3
1	Einfamilienhaus	Einfamilienhaus	Villa
2	Hütte	Villa	Einfamilienhaus
3	Villa	Ferienhaus	Reihenhaus
4	Hochhaus	Reihenhaus	Hochhaus
5	Hotel	Hochhaus	Ferienhaus
6	Museum	Bungalow	Bungalow
7	Rathaus	Hütte	Jugendzentrum
8	Reihenhaus	Hotel	Hütte
9	Bungalow	Jugendzentrum	Hotel
10	Opernhaus	Rathaus	Rathaus
11	Jugendzentrum	Opernhaus	Museum
12	Ferienhaus	Museum	Opernhaus
	(Äthiopien)	(Frankreich)	(Ungarn)

Aufgabe 7

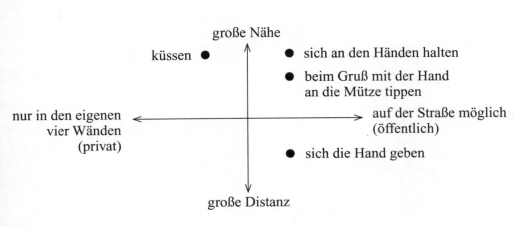

93

Aufgabe 8 a

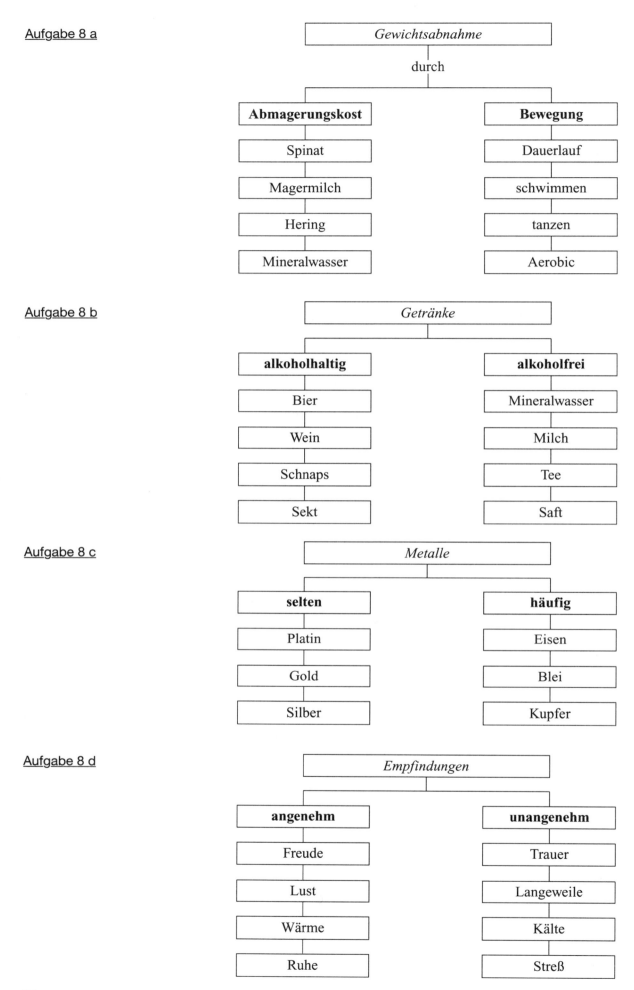

Gewichtsabnahme

durch

Abmagerungskost	Bewegung
Spinat	Dauerlauf
Magermilch	schwimmen
Hering	tanzen
Mineralwasser	Aerobic

Aufgabe 8 b

Getränke

alkoholhaltig	alkoholfrei
Bier	Mineralwasser
Wein	Milch
Schnaps	Tee
Sekt	Saft

Aufgabe 8 c

Metalle

selten	häufig
Platin	Eisen
Gold	Blei
Silber	Kupfer

Aufgabe 8 d

Empfindungen

angenehm	unangenehm
Freude	Trauer
Lust	Langeweile
Wärme	Kälte
Ruhe	Streß

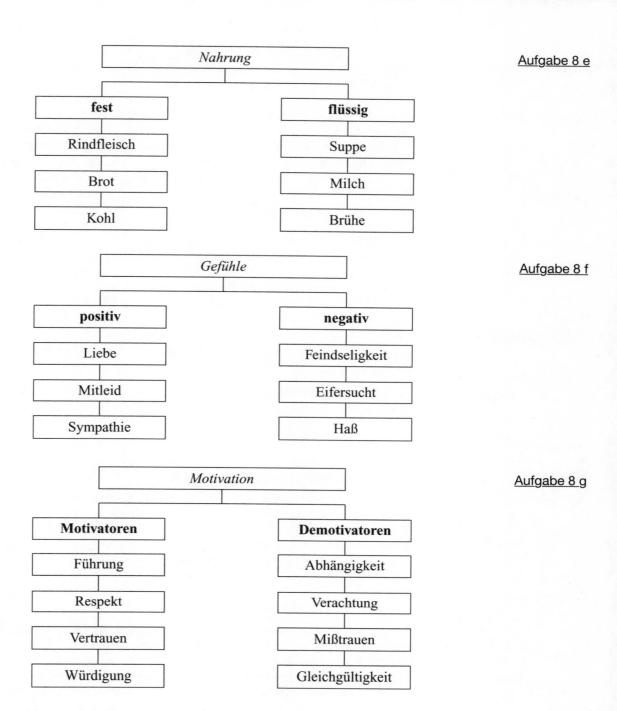

Aufgabe 8 e

Aufgabe 8 f

Aufgabe 8 g

Aufgabe 10 a

- *Mercado* (portugies.) bezieht sich auf einen Verkaufsort, für den man im Deutschen das Wort *Markt* verwendet.
- *Café/Bar* (franz.) bezieht sich auf einen Ort, den man im Deutschen ebenfalls als *Café* bezeichnet.
- *Restaurant* (franz.) bezieht sich auf einen Ort, den man auch im Deutschen als *Restaurant* bezeichnet.
- *Familia* (span.) bezieht sich auf eine Gruppe verwandter Personen, die man auch im Deutschen als *Familie* bezeichnet.
- *Mountain bike* (amerik.) bezieht sich auf einen Gegenstand, den man auch im Deutschen so nennt.
- *Libertad* (span.) bezieht sich auf ein Gefühl, das man im Deutschen mit *Freiheit* bezeichnet.

Aufgabe 12 a

Hier können nur exemplarisch einige Antworten von Teilnehmern eines Deutschkurses wiedergegeben werden.

- überall: Zum Frühstück, abends, in Pausen usw.; nur nicht in der Toilette wie in Deutschland (Irland, männl.)

- im Café, im Bus (Frankreich, weibl.)
- zum Frühstück, in öffentlichen Verkehrsmitteln (Tschechische Republik, weibl.)
- im Café, im Wartezimmer (Litauen, weibl.)

Aufgabe 12 d

Lesezirkel sind durch gewerbliche Unternehmen geschaffene Systeme des Zeitschriftenverleihs. Ein Lesezirkelunternehmen kauft verschiedene Zeitschriften und verleiht sie dann in Lesezirkelmappen an private Abonnenten oder Einrichtungen mit Wartezimmern (Friseursalons, Arztpraxen usw.).

Aufgabe 15

Diese Aufgabe müssen Sie mit Hilfe Ihres eigenen Lehrwerks erarbeiten; wir können Ihnen daher keine Lösung anbieten.

Aufgabe 17

Oberflächlich gesehen macht das Kind einen Fehler, da es den Mond als *Ente/goak* tituliert. Andererseits hat der Vater bei der Erklärung des Begriffs *Ente* nicht bedacht, daß das Kind entweder die Form oder die Farbe mit seiner Erklärung verbinden kann. Im vorliegenden Fall hat also das Kind fälschlicherweise die Regel „Alles, was gelb aussieht, ist eine Ente/macht goak" erstellt und auf *Mond* angewendet.

Aufgabe 20 a, b

Für Deutschland:

Schwein als Glücksbringer (Symbol), als Schimpfwort für Personen mit schlechtem Charakter, als beliebte Speise, als Symbol für dick/wohlgenährt

Für einige arabische Länder:

Schwein als verbotenes Gericht (Speise), positives Symbol für Kraft/Stärke

Aufgabe 20 c

Man hat Schwein (=man hat Glück), wenn man ...
- beim Schwarzfahren nicht erwischt wird.
- beim Fensterln nicht von der Leiter fällt.

Aufgabe 20 d

Ist er/sie wirklich ein Schwein (bzw. eine Sau), wenn er/sie
- das Geld nicht zurückgibt?
- seinen/ihren Ehepartner schlägt?
- nur einmal in der Woche duscht?
- schlecht über seine Freunde spricht?

Aufgabe 22 a

Hundesalon: Eine Art Schönheitssalon für Hunde. Man kann dort seinen Hund waschen, das Fell in Form schneiden und die Pfoten säubern lassen.

BMW 3er Club Bayreuth e.V.: e.V. heißt „eingetragener Verein"; es handelt sich also um einen amtlich registrierten Verein mit einem gewählten Vorstand und eingeschriebenen Mitgliedern, die möglicherweise auch einen kleinen Beitrag zahlen. Diese Mitglieder besitzen ein bestimmtes BMW-Modell oder möchten es zumindest gern haben und treffen sich regelmäßig, um über ihr Auto (und natürlich auch über andere Dinge) zu reden, um ihr Auto zu verschönern, zu reparieren oder einfach gemeinsam einen Ausflug zu machen.

Gnade der späten Geburt: Diese Formel benutzte Bundeskanzler Kohl anläßlich eines Besuches der Holocaust-Gedenkstätte Jad Vashem in Jerusalem. Er wollte damit seiner Erleichterung Ausdruck geben, daß seine und nachfolgende Generationen von Deutschen nicht direkt in die Verbrechen an der jüdischen Bevölkerung verstrickt seien. Für diesen Ausspruch wurde Kohl von der deutschen und internationalen Öffentlichkeit stark kritisiert, weil er damit die geschichtliche Verantwortung der Deutschen als Personen für die in der Nazizeit begangenen Verbrechen von sich weise.

Wirtschaftswunder: So bezeichnet man die wirtschaftliche Entwicklung der Bundesrepublik Deutschland (West) in den 50er Jahren. Amerikanische Finanzhilfe und eine starke Nachfrage nach deutschen Erzeugnissen sorgten für einen rasanten wirtschaftlichen Aufschwung, der die durch den Krieg zerstörte Bundesrepublik bald wieder zu einer international bedeutenden Industrienation machte.

auf Mallorca überwintern: Um dem kalten deutschen Winter zu entgehen, fliegen vorwiegend ältere Deutsche, die es sich zeitlich und finanziell leisten können, nach Mallorca, um dort die Sonne zu genießen. Mallorca ist in der Bundesrepublik fast zum Synonym für preiswerten Badeurlaub geworden.

aus der Kirche austreten: Jeder christlich getaufte Bundesbürger bezahlt, sobald er Geld verdient, Steuern an die evangelische oder katholische Kirche, die davon ihre Angestellten (Priester und Priesterinnen, Pflegepersonal usw.) und Einrichtungen (wie Krankenhäuser) und soziale Dienste bezahlt. Wer die Kirche verläßt, aus ihr „austritt", braucht diese Steuern nicht mehr zu zahlen. In der Bundesrepublik treten immer mehr Menschen wegen dieser Steuern, aber auch aus Glaubensgründen aus der Kirche aus.

Trümmerfrauen: Nach dem Krieg lagen beinahe alle größeren Städte Deutschlands in Trümmern. Da sehr viele Männer im Krieg gefallen oder in Gefangenschaft geraten waren, nahmen die Frauen den Wiederaufbau in die Hand, indem sie beispielsweise die Steine von zerstörten Häusern säuberten und damit wiederverwendbar machten.

Kaffeefahrten: Billige Tagesausflüge mit Kaffee und Kuchen, die von Firmen organisiert werden, um beim Kaffeetrinken nebenbei Waren (Bettwäsche, Decken, Gesundheitsartikel usw.) zu präsentieren und zu verkaufen. An den Kaffeefahrten nehmen vorwiegend ältere, finanziell schlechter gestellte Personen teil. Die Einladungen zu den Kaffeefahrten erscheinen entweder in den Tageszeitungen, oder sie werden direkt in die Briefkästen geworfen.

Aufgabe 23 a

Es gibt auch hier keine fest abgegrenzte Lösung, es geht bei dieser Aufgabe nur darum, daß Sie sich Ihre eigenen Erklärungen bewußtmachen. Interessant wäre es, wenn Sie Ihre Ergebnisse mit denen Ihrer Kolleginnen und Kollegen vergleichen könnten, z. B. im Rahmen einer Fortbildungsveranstaltung. Die folgenden Vorschläge werden zur Diskussion gestellt:

Begegnung: Zwei Menschen, die sich kennen oder auch nicht, sehen sich zufällig auf der Straße, im Zug, im Café usw. und kommen miteinander in Kontakt (Methode: Beispiel geben, induktives Vorgehen/Technik Nr.19 im Schema S. 62).

Café: Deutsche Cafés sehen meist ein bißchen aus wie Wohnzimmer. Man geht zusammen mit Freunden dorthin oder allein, wenn man z. B. in Ruhe Zeitung lesen will. Man setzt sich an einen Tisch und ißt auch häufig noch ein Stück Kuchen zum Kaffee (Methode: Beispiel, Situation als Modell geben/Technik Nr. 32 im Schema S. 62).

abgezehrt: mager, dünn (Methode: Synonym geben/Technik Nr. 2 im Schema S. 61).

guter Mann: Ein Ehemann, der seiner Frau gegenüber aufmerksam ist, ihren Geburtstag und den gemeinsamen Hochzeitstag nicht vergißt, im Haushalt hilft und sich auch für die Erziehung der Kinder verantwortlich fühlt (Methode: ein prototypisches Beispiel geben; es ist natürlich stark abhängig von kulturellen und sozialen Vorerfahrungen/ Technik Nr. 32 im Schema S. 62).

Familienangelegenheiten: Das Wort setzt sich aus *Familie* und *Angelegenheit* zusammen. Unter Familienangelegenheiten versteht man alle die Probleme und Ereignisse, die sich innerhalb der Familie abspielen und die für das Familienleben wichtig sind (Methode: Wortableitung, Definition/Techniken Nr. 1 und 8 im Schema S. 61).

allein: Sehr viele Menschen in der Bundesrepublik Deutschland leben allein, entweder, weil sie es so wollen – das sind meist jüngere Leute (Singles) – oder weil sie ihren Lebenspartner verloren haben und die Kinder nicht mehr bei ihnen wohnen. Die älteren Menschen fühlen sich oft sehr einsam (Methode: Beispiele und kulturspezifische Erklärungen geben/Techniken Nr. 28 und 32 im Schema S. 62).

Glück: Wenn einem viele Wünsche in Erfüllung gehen, dann hat man *Glück*. Wenn man z. B. im Spiel verliert, dann hat man *Pech* gehabt. (Methode: Beispiel aus dem Erfahrungsbereich der Schüler/ein Idiom geben, das Gegenteil benennen/Techniken Nr. 10 und 4 im Schema S. 61).

Aufgabe 23 c

Die häufigsten von Lehrern und Lehrerinnen genannten Techniken sind:

– Erklärung anhand eines Unterrichtsgegenstandes, den man mitgebracht hat oder der im Klassenraum vorhanden war,
– Übersetzung des fremden Wortes,
– Erklärung durch Zeichnung an der Tafel,
– Antonyme (Gegenteil),
– Synonyme (bedeutungsgleiche Wörter).

| Aufgabe 24 | Es gibt bestimmt viele Begriffe, die landeskundlich bedeutsam sein können. Hier eine Auswahl: |

sofort zahlen: Das widerspricht eigentlich dem üblichen Verhalten in einem Café. Man läßt sich Zeit und bezahlt nach dem Trinken – übrigens am Tisch und nicht an einer Kasse am Eingang. Normalerweise geht man nicht ins Café, um den Kaffee in sich „hineinzugießen". Die Überraschung der älteren Tischnachbarin ist deshalb für deutsche Leser gut nachvollziehbar.

sich nett unterhalten: Ist den Lernenden klar, welche Aussagen über die Gesprächsinhalte und das Gesprächsverhalten gemacht werden? Es geht dabei normalerweise um Themen aus dem Alltag, die diskret, also nicht zu persönlich, behandelt werden. Meistens kennen sich die Gesprächsteilnehmer nicht sehr gut und vermeiden deshalb auch Themen wie *Politik* oder *Religion*, die zu einer Konfrontation führen könnten. Es gibt auch einen Bezug zu der ruhigen Atmosphäre im Café: Die *nette Unterhaltung* verläuft gewöhnlich leise und stört so die anderen Gäste nicht.

Anteilnahme: Ist den Lernenden klar, daß dieser Begriff einen ausgeprägten sozialen und moralischen Aspekt enthält? Anteilnahme bezieht sich immer auf das harte Schicksal eines Mitmenschen. Sie kann echt oder gespielt sein, wer sie jedoch in einer entsprechenden Situation nicht zeigt – so wie die jüngere Frau im Text von Ilse Schweitzer –, wird als egoistisch und herzlos angesehen.

Aufgabe 25 b

Die Fragen der Bayreuther Studenten lauteten folgendermaßen:

Dame in Schwarz:
- Warum trägt sie *Schwarz*?
- Tragen nur Damen *Schwarz*?
- In welcher Lebensphase? Von morgens bis abends?
- Ist *Schwarz* eine Farbe für eine Berufskleidung?
- Welche Symbole sind mit *Schwarz* verbunden?
- Ist das modisch?

sich nett unterhalten:
- Welches sind die Themen?
- Wie engagieren sich die Sprecher dabei für bestimmte Ideen?
- Gibt es Rituale dabei?
- Bedeutet *nett*, daß man dabei lustig wird?
- Reden beide gleich viel?
- Wer hat Vorrecht beim Reden?

allein:
- Ohne (Ehe-)Mann leben, bedeutet das gleichzeitig ohne Eltern/Kinder leben?
- Lebt sie in einem Zimmer/Heim?
- Wer kümmert sich um sie?
- Wo ist ihre Familie?
- Mit wem redet sie?
- Wie verbringt sie ihre Zeit?

Aufgabe 26

Für die Lösung dieser Aufgaben liegt u. a. der Text *Begegnung im Café* (Beispiel 25, S. 44) zugrunde.

BE 1: Einzelbegriff: *Unterhaltung* bedeutet hier, mit jemandem über seine familiäre Situation reden (Erklärung nur aus dem Zusammenhang des Textes *Begegnung im Café* möglich).

BE 2: Ober-/Unterbegriff: *Enttäuschung* ist ein *negatives Gefühl* (= Oberbegriff), das man hat, wenn ein Wunsch oder eine Erwartung nicht erfüllt wird.

BE 3: Prototyp: Der Prototyp einer *netten Unterhaltung* ist in Deutschland möglicherweise das Gespräch, das sich ergibt, wenn man abends nach dem gemeinsamen Abendessen mit Bekannten (oder auch Freunden) über Dinge redet (Familie, Urlaub, Freizeitaktivitäten), die alle Gesprächspartner interessieren und die keine Konflikte hervorrufen. Zu netten Unterhaltungen gehört auch eine angenehme Umgebung, z. B. im Café, auf einer Party etc.

BE 4: Konnotation: Unter einer *Dame in Schwarz* stellen sich viele Menschen eine ältere Frau (älter als sechzig Jahre) vor, die um einen Angehörigen trauert.

BE 5: Historische Begriffsentwicklung: *Allein ins Café gehen* war für eine Frau bis vor etwa fünfzig Jahren eher ungewöhnlich. Erst mit der Emanzipationsbewegung haben sich Frauen auch öffentliche Plätze „erobert", die früher nur Männern oder Frauen in Begleitung anderer Personen zugänglich waren.

BE 6: Anbindung an ein Kulturspezifikum: In ein deutsches *Café* geht man allein, um seine Ruhe zu haben, um zu lesen, sich auszuruhen oder um sich mit einer Person zu unterhalten, die man gut kennt.

BE 7: Kulturspezifisches Bedeutungsfeld: Eine *alte Dame* hat oft ein → Haustier (Hund, Katze, Kanarienvogel), lebt → allein, ist → einsam, da sie zuwenig → Kontakte zu ihren Familienmitgliedern oder Hausbewohnern hat; oft nutzt sie ihre freie Zeit für → Reisen oder kleinere → Kaffeefahrten.

BE 8: Abgrenzung zur muttersprachlichen Bedeutung: Der deutsche *Kaffee* wird – im Vergleich zum amerikanischen *coffee* – vor allem als Genußmittel zur Stimulation des Kreislaufs und in Situationen zur Herstellung einer gemütlichen Atmosphäre getrunken, weniger – wie in den USA – in großen Mengen, mit denen man fast den Durst löschen kann.

BE 9: Kulturspezifische Gegenthemen/-begriffe: Ein kulturspezifischer Gegenbegriff zu *nette Unterhaltung* ist zum Beispiel das *anspruchsvolle Gespräch* zu Themen aus Politik, Gesellschaft, Wissenschaft etc.

BE 10: Übertragene Bedeutung: *Etwas auf jemanden oder etwas setzen* ist ein Ausdruck, den man vor allem beim Wetten verwendet. Man setzt sein Geld auf ein Pferd oder auf eine Zahl oder auf eine Fußballmannschaft. In unserem Beispiel *setzt die alte Dame ihre Hoffnung auf die Autorin*, das heißt, sie erwartet viel von dieser Begegnung im Café.

Aufgabe 28

Die Verstehensprobleme Ihrer Lernenden kann der Verfasser natürlich nicht beurteilen, deshalb nur einige Hinweise zu den Kommentaren.

Kommentar zu Erklärung 2: Studenten sind in vielen Ländern noch stark in die Familie eingebunden; in Deutschland sind sie jedoch relativ frei in ihren Entscheidungen, autonomer.

Kommentar zu Erklärung 3: Qualitative Abgrenzung zu *lernen* mit dem Hinweis auf den Lernort (Universität) und die Art der geistigen Aneignung eines Stoffes.

Kommentar zu Erklärung 4: Bezug auf stereotype Vorstellungen, die deutsche Männer Französinnen gegenüber häufig haben. Abgrenzung zur Fremdperspektive (was Französinnen häufig über deutsche Männer denken).

Kommentar zu Erklärung 5: Abgrenzung zu nicht Englisch sprechenden Deutschen. Einbettung in ein kulturelles Wertesystem.

Techniken der Bedeutungsvermittlung

Aufgabe 29

Wort: Erklärung des fremden Ausdrucks durch:	*Studentencafeteria* (Erkl. 1)	*Student* (Erkl. 2)	*studieren* (Erkl. 3)	*Französin* (Erkl. 4)	*Englisch sprechen* (Erkl. 5)
1. Wortableitung		✗			
2. Synonyme					
3. Über-/Unterordnung: Abgrenzung zu bedeutungsähnlichen Wörtern		✗	✗		
4. Antonyme					
5. Fremdwörter					

	Studentencafeteria (Erkl. 1)	Student (Erkl. 2)	studieren (Erkl. 3)	Französin (Erkl. 4)	Englisch sprechen (Erkl. 5)
6. Übersetzung					
7. Paraphrase	✗	✗	✗		
8. Definition	✗	✗	✗	✗	✗
9. Kollokation				✗	✗
10. Idiom					
Hilfsmittel: Erklärung des fremden Ausdrucks durch					
11. Anschauungsobjekt					
12. Zeichnung					
13. Bild					
14. authentische Dokumentation (Foto/Video)					
15. Handlungen					
16. Gestik/Mimik					
17. Vorspielen				✗	
Klassensituation: Erklärung des fremden Ausdrucks durch					
18. Bezug auf Teilnehmer					
19. Bezug auf Vorwissen von Teilnehmern				✗	
20. Bezug auf bekannte Lektion					
21. Beschreibung einer neuen Situation	✗				
Alltagswissen/-logik: Erklärung des fremden Ausdrucks durch					
22. mentales Anschauungsobjekt					
23. Finalkonsequenz				✗	✗
24. Kausalkonsequenz				✗	✗
25. Temporalkonsequenz					
Kulturspezifische Begriffsbildung: Erklärung des fremden Ausdrucks durch					
26. Einzelbegriff (BE 1)					
27. Ober-/Unterbegriff (BE 2)					
28. Prototyp (BE 3)					
29. Konnotationen (BE 4)		✗		✗	
30. historische Begriffsentwicklung (BE 5)					✗
31. Anbindung an ein Kulturspezifikum (BE 6)					
32. kulturspezifisches Bedeutungsfeld (BE 7)	✗	✗		✗	✗
33. Abgrenzung zur muttersprachlichen Bedeutung (BE 8)	✗				
34. kulturspezifische Gegenthemen/-begriffe (BE 9)	✗	✗		✗	
35. übertragene Bedeutung (BE 10)					

	genau verstanden	übergeneralisiert	untergeneralisiert	nicht verstanden
L 1: *Vielen Dank für den netten Abend!* ist eine sehr freundliche Verabschiedung. Familie Schulz hat der Abend gut gefallen, und das sagt sie den Richters.				
S 1: (Ein anderes Mal zu einem deutschen Freund nach einem gemeinsamen Bummel durch die Stadt:) *Vielen Dank für den netten Morgen!*		✗		
L 2: *Freund* ist jemand, den man sehr gut kennt, zu dem man Vertrauen hat und auf den man sich verlassen kann, wenn man z. B. Hilfe braucht.				
S 2: (Am Abend vor der Sprachprüfung zu seinem Lehrer:) Sie sind mein *Freund*. Sie müssen mir bei der Prüfung helfen. Wenn ich nicht bestehe, muß ich zurück.		✗		
L 3: *Fluß* ist ein großes fließendes Gewässer, größer als ein Bach und kleiner als ein Strom. Große *Flüsse* sind oft Landesgrenzen, denken Sie an den Rhein.				
S 3: (Französin): Wie heißen *Flüsse*, die ins Meer münden?			✗	
L 4: Eine *ältere Dame* ist eine Frau, die meist gepflegt, fast elegant aussieht – darum auch die Bezeichnung *Dame* – und ca. 60 Jahre alt ist.				
S 4: Dann ist eine *alte Dame* so um die 50 Jahre alt, oder?				✗
L 5: *Haus* ist, wo man wohnt. Mein Haus ist ganz hier in der Nähe, Sie kennen es ja vom ersten Kursabend.				
S 5: (Spanier): Sie können mich in den Ferien gern mal besuchen. Mein *Haus* ist mitten in Barcelona, die Straße ist: Diputació 237, 3. Stock.		✗		
L 6: Das können wir morgen nochmal diskutieren.				
S 6: (Franzose): Ja, aber glauben Sie, daß wir eine andere Meinung haben als Sie?			✗	
L 7: Auf einem *Markt* kann man alles kaufen, was man so zum Leben braucht: Gemüse, Obst, Brot, Eier, Wurst, Blumen etc.				
S 7: (Marokkaner): Aber in Bayreuth ist der *Markt* zu klein. Ich wollte mir gleich nach meiner Ankunft Geschirr und zwei Töpfe kaufen, aber das gab es nicht.		✗		

Verständniskontrolle 1: Textbezug (zum Text S. 44)

a) *sich nett unterhalten* bedeutet für die alte Dame, etwas von ihrem eigenen Leben erzählen zu können.

b) *allein:* Die alte Dame hat niemanden, mit dem sie sich unterhalten könnte.
Andere Texthinweise: Sie redet viel *(redet und redet)*, sie erzählt von *Familienangelegenheiten*, sie ist enttäuscht, als ihre Zuhörerin gehen möchte, ihr Mann ist tot *(nun, da er nicht mehr da ist)*.
Konsequenzen: Die alte Dame ist selten unter Menschen, sie ist einsam.

Verständniskontrolle 2: Umfang
a) Ja, wenn man sie nicht kennt.
c) Vgl. das Assoziogramm im Beispiel 27 auf S. 79.

Verständniskontrolle 3: Veränderung
a) *Freizeit:* früher: kaum Freizeit, ungeregelte, lange Arbeitszeit
heute: festgelegte Arbeitszeit (bis ca. 40 Stunden pro Woche), bezahlter Urlaub, viele Freizeitangebote
b) *Kirche:* früher: zentrale Bedeutung im Leben der Menschen, Trägerin von Bildungseinrichtungen (Schulen)
heute: Verlust der zentralen Bedeutung, verstärkte gesellschaftspolitische und soziale Aufgaben

Verständniskontrolle 4: Pole
a) Die Einordnung wird stark vom Alter derjenigen abhängen, die das Schema ausfüllen.
b) Der Vergleich ist interessant im Hinblick auf das monatliche Arbeitseinkommen (Deutschland – Heimatland der Lernenden).

Aufgabe 33 a

Kontrollbegriff 1: *Student* – A: kn – B: ks – C: ks – D: ks
Kontrollbegriff 2: *Studentencafeteria* – A: ks – B: kn – C: ks
Kontrollbegriff 3: *Ist der Platz hier frei?* – A: ks – B: ks – C: ks
Kontrollbegriff 4: *bitte – danke* – A: ks – B: ks – C: ks
Kontrollbegriff 5: *Du sprichst schon gut Deutsch* – A: ks – B: ks – C: kn
Kontrollbegriff 6: *Wald* – A: ks – B: kn – C: ks

Aufgabe 33 b

Inhalte der Kontrollbegriffe
1. *Student*
   B) Personen, die ein Fernstudium absolvieren, werden auch als Studenten angesehen.
2. *Studentencafeteria*
   A) *Cafeteria:* Café für Studenten. *Mensa:* Dort gibt es Essen für Studenten. *Café:* Dort kann man Kaffee trinken und Kleinigkeiten (z.B. Kuchen) essen, man trifft sich dort auch, um mit Kollegen und Freunden zu reden. Jeder kann dahin gehen. *Kantine:* In einer Kantine können Angehörige eines Betriebes essen.
   B) Nein, man diskutiert dort auch und bereitet sich für Seminare vor.
   C) eher formelles Verhalten   eher informelles Verhalten
   Café, Spezialitätenrestaurant,   Cafeteria, Mensa, Biergarten
   Kantine
3. *Ist der Platz hier frei?*
   A) Es ist unhöflich, nicht zu fragen, bevor man sich an einen Tisch setzt. Das gilt für alle Menschen.
   B) Die Ausdrücke sind in Deutschland nicht normiert, aber man benutzt sehr häufig Wendungen, wie z.B.: *Ist hier noch frei?, Kann ich mich zu Ihnen an den Tisch setzen?, Haben Sie etwas dagegen, wenn ich mich an Ihren Tisch setze?*
4. *bitte – danke*
   A) Nein, auf ein *danke* antwortet man nicht mehr so häufig wie früher mit einem *bitte* oder gar *bitte schön*, das – je nach Intonation – auch als Spott oder Ärger interpretiert werden kann.
   C) Das hängt von der Situation ab.
5. *Du sprichst schon gut Deutsch.*
   A) nicht akzeptiert: z.B. mit Verben im Infinitiv sprechen
   gut akzeptiert: z.B. phonetisch korrekt sprechen – zu leise (aber lexikalisch und grammatisch korrekt) sprechen – mit französischem Akzent sprechen.
   B) meist ein Kompliment, auch Ausdruck von Höflichkeit
   C) Intuitiv glaubt man dies (auch umgekehrt: gut sprechen = gutes Kulturverstehen), aber es gibt keinen festen Zusammenhang zwischen beiden Fertigkeiten.

Fragebatterie

	Computer	Zug	fensterln	chic
Identifizieren mit Illustration	A	B	B	A C
Entscheidungsfrage	B		E	H
W-Frage allgemein	I	A	C	

Aspektwechsel

	Computer	Zug	fensterln	chic
Situationsmodifikation			D	
personalisierte Frage	B	C	I	B D F

Handlung

	Computer	Zug	fensterln	chic
verbale Aufforderung				D
Stimulus durch Gestik	D		A	D

Wort

	Computer	Zug	fensterln	chic
Wortableitung	F		H	
Synonyme				
Übersetzung				
Antonyme				

Begriffsevaluierung

	Computer	Zug	fensterln	chic
Textbezug		H		D
Umfang				E
Veränderung	C	F	D	G H
Pole			E	
kulturspezifisches Bedeutungsfeld	E	D E G	E	H
Assoziationen	G		G	
Funktion		E	F	I
Gegenthemen	H	I		

1. Oberbegriff:
Frühstück

2. Implikationen:

Ich fahre dieses Jahr wieder nicht weg.

Ich habe sehr viel zu tun, bin sehr arbeitsam oder karriereorientiert und verzichte deshalb – nicht aus finanziellen Gründen – auf Urlaub.

Meine Kinder dürfen nicht fernsehen.

Fernsehen schadet der geistigen Entwicklung der Kinder. Ich lege Wert auf die literarische, kreative Bildung meiner Kinder.

Ich bin froh, wenn es bei uns bis zum Monatsende langt.

Wir haben keine finanziellen Spielräume. Wir haben gerade das Nötigste zum Leben. (Vielleicht sucht er/sie die Anteilnahme des Gesprächspartners).

Eine schöne Laubfärbung haben wir dieses Jahr – solange es überhaupt noch Bäume gibt, kann man sich freuen.

Die Umweltzerstörung ist so weit fortgeschritten, daß es für viele kranke Bäume kaum noch eine Rettung gibt. Wir stehen kurz vor der ökologischen Katastrophe.

Kommt ihr also morgen mit uns? – Klar, nach der Sportschau sind wir da.

Samstags, nach den Bundesliga-Fußballberichten, die vom 1. Programm (ARD) ab 19.10 Uhr ausgestrahlt werden.

3. Treffpunkte:
   a) Hinzufügen könnte man: *Straßenfest, Diskothek, Jugendhaus, Verein, Alten-begegnungsstätte …*
   Streichen müßte man: *Kirche, Familien(fest), Zunft, Tanztee*
   b) für Jugendliche: *Diskothek, Freizeitsport*
   für alte Leute: *Kaffeeklatsch, Altenbegegnungsstätte, Café*
   für Männer zwischen 35 und 50: *Kneipe, Männergesangverein, Fußballstadion*
   für Frauen: *Kinderspielplatz, Freizeitsport, Sauna, Sonnenbank-Studio, Café*
   für junge Männer: *Freizeitsport, Kneipe, Kraftsportzentrum, politische Gruppe, Café*
   für finanziell gut Gestellte: *Freizeitsport, Café, Sauna, Sonnenbank-Studio.*

4. Handlungsmuster:
Eine genaue Rangfolge läßt sich natürlich nicht angeben; für viele deutsche Studenten würde sich bei einer Befragung wahrscheinlich Folgendes ergeben:

   1) ein Fernseher
   2) eine Auslandsreise
   3) ein eigener Computer
   4) ein Fahrrad
   5) eine kleine Wohnung
   6) ein Auto
   7) eine Tageszeitung
   8) eine Waschmaschine
   9) ein Haustier.

Aufgabe 37

Suchfragen zu *Café*:
   a) Gefragt wird nach sozialen Funktionen (Treffpunkt zur Pflege von Kontakten, Rückzugsmöglichkeit), Zugänglichkeit (öffentlich, Tageszeit für einen Besuch), Verhaltensregeln (beim Platznehmen, beim Bezahlen).
   b) Offensichtlich kommen die Lernenden aus einer Kultur, in der Cafés öffentliche Treffpunkte sind. Es scheint auch üblich zu sein, daß unter Freunden einer für die anderen mitbezahlt, oder sie haben in einer anderen Kultur ähnliches erlebt. In Deutschland wird dieses Verhalten im allgemeinen nicht erwartet.
   In Deutschland kann man sich zu anderen an den Tisch setzen (man sollte vorher allerdings fragen). Für die Lernenden ist dieses Verhalten entweder ungewöhnlich, oder sie haben in einer anderen Kultur erfahren, daß es nicht erwünscht ist.

Suchfragen zu *Dame in Schwarz*:
   a) Die Lernenden stellen vorwiegend Fragen nach der „Distribution" von *schwarzer Kleidung*: Wer trägt wann Schwarz? Bedeutung der Farbe in der entsprechenden Kultur (Symbol, Mode).
   b) Eine kulturelle Erfahrung der Lernenden könnte sein, daß *Schwarz tragen* mit einem Lebensabschnitt und einer bestimmten Personengruppe verbunden ist (alte Frauen tragen in vielen Kulturen Schwarz, ohne unbedingt verwitwet zu sein).

Suchfragen zu *sich nett unterhalten:*
   a) Bei diesen Fragen geht es vor allem um die kommunikative Funktion von *sich nett unterhalten* (Thema, Redeanteile) und um die Rolle der Beteiligten (Verhalten).
   b) Vielleicht haben die Lernenden die Erfahrung gemacht, daß der Grad von Emotionalität (Engagement, Ernst) und die Wahl der Themen (Tabus) in Gesprächen von Kultur zu Kultur sehr unterschiedlich sein können und daß man in verschiedenen Gesprächssituationen verschiedene Rituale beachten muß.

Aufgabe 38

Mögliche Suchfragen zu *reisen:*
   – Warum reisen Menschen? (Frageperspektive 7)
   – Welche Leute reisen? (Frageperspektive 2)
   – Welche Symbolik wird ausgedrückt, wenn man sagt, daß man auf Reisen geht? (Frageperspektive 8)
   – Welche Funktionen können (weite) Reisen aus deutscher Sicht haben (z. B. Aben-

teuer erleben, sich zurückziehen und erholen, vor etwas fliehen, geschäftliche Unternehmungen …)? (Frageperspektive 9)

- Welche Funktionen können sich mit Reisen in anderen Kulturen verbinden? (Frageperspektive 10)
- Wie wirkt das viele Reisen der Deutschen in ferne Länder auf mich? (Frageperspektive 11)

Mögliche Suchfragen zu *es schön haben:*

- Welche materiellen Werte gehören evtl. dazu? (Frageperspektive 5)
- Mit welchen anderen Begriffen (z. B. *Glück, Sicherheit, gutes Einkommen* usw.) ist der Begriff *es schön haben* verbunden? (Frageperspektive 8)
- Welche Vorstellungen verbanden die Menschen vor 200 Jahren mit dem Begriff *es schön haben*? (Frageperspektive 4)
- Was versteht man unter diesem Begriff in einer anderen Kultur? (Frageperspektive 10)
- Was ist das Gegenthema zu *es schön haben*? (Frageperspektive 6)

Gleiches Verständnis einer Sache
Aufgabe 39 a

Kong	$\rightarrow$	*Ich-Erzähler:*
Zeile 4		schmutzig
Zeile 15		Betrieb
Zeile 23		Eheberater
Zeile 32		Produktion

Ich-Erzähler	$\rightarrow$	*Kong:*
Zeile 11		Beruf
Zeile 12		psychologischer Berater
Zeile 16/20		Schwierigkeiten
Zeile 16		private Praxis
Zeile 33		Leistung
Zeile 33/34, 37		krank

Aufgabe 39 b

Zeile 9: vergleichbare Betriebe (Frageperspektive 10)
Zeile 15: welcher Betrieb (möglicherweise Frageperspektive 3)
Zeile 16: Produktionsschwierigkeiten (möglicherweise Frageperspektive 3)
Zeile 23: Eheberater (möglicherweise Frageperspektive 7, 9)
Zeile 32: Produktion (hypothetische Aussage, möglicherweise Frageperspektive 7, 9)

Brite:
Aufgabe 40

- Wer gehört eigentlich zur Familie?
- Wie sind die Kinder erzogen?
- Wie benehmen sich die Kinder den Erwachsenen gegenüber?
- Verhalten sich die Kinder ihrem Alter entsprechend?
- Wie erzieht Beatrice A. ihre Kinder?
- Welche Ziele hat Beatrice A. für das Familienleben?
- Welche soziale Position hat die Familie von Beatrice A. im Vergleich zu Martin A.?

Der Bericht ist sehr vorsichtig formuliert, trotzdem kann man einige Tendenzen daraus ablesen: Erziehung und soziale Position scheinen sehr wichtig für die Frageperspektive des Briten zu sein. Die deutsche Erziehung – so wie er sie in seiner Gastfamilie erlebt – erscheint ihm zu liberal; die unterschiedliche soziale Herkunft der Eheleute sieht er als mögliches Problem für die beiden. Disziplinorientierte Erziehung und Statusbewußtsein sind möglicherweise kulturbedingte Einstellungen des Briten.

Norweger:

- Wer gehört zur Familie?
- Wie verhalten sich die Familienangehörigen Fremden gegenüber?
- Wie ist das Verhältnis der Familienmitglieder untereinander?

- Welche Erziehungsprinzipien lassen sich erkennen?
- Wie ist der Alltag strukturiert?

Wichtig für den Norweger ist vor allem die Beziehungsebene innerhalb der Familie und das Verhalten der Familie nach außen hin. Er schätzt Prinzipien wie Offenheit und Vertrauen und bevorzugt einen partnerschaftlichen Erziehungsstil, den er in seiner Gastfamilie wiederfindet. Probleme alleinerziehender Mütter scheinen ihm aus seiner Erfahrung bekannt zu sein. Seine kulturelle Erfahrung läßt sich weitgehend mit seinen neuen Erfahrungen in der Gastfamilie in Übereinstimmung bringen.

Aufgabe 41 b

Mögliche Suchfragen:
- Welche Wichtigkeit hat ein Babygeburtstag im fremden Land und für die Einladenden?
- Wer darf sich in X (= ein fremdes Land) von einer Einladung zum Geburtstag eines Kleinkindes angesprochen fühlen (Einzelpersonen oder das Familienkollektiv)?
- Welche Rolle, welchen Status hat man (als Fremder) dem Einladenden gegenüber? Daher auch:
- Was zieht man zu einem solchen Fest an?
- Was schenkt man, und wem bringt man etwas mit?
- Gibt es bestimmte Alkoholregeln?
- Impliziert die Einladung zu einer bestimmten Zeit ein Essen?
- Wie pünktlich muß man sein/muß man als Fremder sein?
- Kann man Rückfragen (Suchfragen) stellen, oder würde der andere oder man selbst dadurch sein Gesicht verlieren? Kann man als Fremder Rückfragen/Suchfragen stellen?

Aufgabe 41 c

Mögliche Typen von Suchfragen:
- Symbolwert von *Geburtstag*
- Wer ist Adressat? (auch: soziologische Perspektive)
- Welche Rolle hat man als Fremder bezüglich X? (auch: soziologisch-interkulturelle Perspektive)
- Welche Handlungsmöglichkeiten hat X/hat X für Fremde? (Perspektive der Konsequenz)

8 Glossar

Äquivalent, das (S. 39): Äquivalente sind Dinge, die in zwei verschiedenen Kontexten (Kulturen) eine gleiche oder sehr ähnliche Funktion haben, einschließlich des symbolischen Gehalts. Viele Konkreta werden oft fälschlicherweise wegen ihres gleichen Aussehens auch für funktional äquivalent gehalten.

Ambiguitätstoleranz, die (S. 80): Fähigkeit, nach dem eigenen Eindruck widersprüchliche Beobachtungen, Bewertungen oder Empfindungen als unterschiedliche Hypothesen zunächst einmal nebeneinander bestehen zu lassen (wichtig bei fremden Bedeutungskomplexen).

Assoziogramm, das (S. 18): Die Zusammenstellung der Vorstellungen und Bezugsbegriffe, die Lernende zu einem vorgegebenen Begriff haben. Assoziogramme eignen sich sehr gut zur Aktivierung des Vorwissens der Lernenden und als Methode zur Vorentlastung von Texten. Dabei werden zu zentralen Begriffen eines Textes Vorstellungen der Lernenden zu Hilfe genommen und Vorkenntnisse herangezogen. Ein Beispiel für ein Assoziogramm finden sie auf S. 18 dieser Studieneinheit.

Bedeutungserklärung, die (S. 44ff.): Unter Bedeutungserklärung versteht man den ersten Schritt im Rahmen der Unterrichtsphase (→) Bedeutungsvermittlung. Es gibt sehr viele Methoden der Bedeutungserklärung; einen Überblick finden Sie auf S. 61f. dieser Studieneinheit.

Bedeutungskomplex, der (S. 49): Landeskundliche Begriffe sind in ihrer Bedeutung stark kulturgebunden. Sie sind nur zu verstehen, wenn man möglichst viele ihrer kulturspezifischen Aspekte erfaßt und zu einem Bedeutungskomplex zusammenfügt. (Vgl. Sie dazu Beispiel 27 *Café* auf S. 79).

Bedeutungsvermittlung, die (S. 63): Unterrichtsphase, die alle Schritte der Vermittlung fremder Bedeutungen umfaßt; dazu gehören sowohl Schüler- als auch Lehreraktivitäten. Die einzelnen Schritte der Bedeutungsvermittlung sind in einem Modell auf S. 77 wiedergegeben.

Denotat, das (S. 26): Vom Sprecher bezeichneter Gegenstand oder Sachverhalt in der außersprachlichen Wirklichkeit.

denotative Bedeutung, die (S. 26): Diese erfaßt die konkreten Merkmale eines (→) Denotats ohne Berücksichtigung von emotionalen oder kulturellen Nebenbedeutungen, z. B. *Tisch* als waagerechte Platte mit Bein(en).

Distribution, die (S. 80): Hier: die zeitlichen und örtlichen Kontexte, in denen ein Begriff häufig für die Angehörigen einer bestimmten Kultur relevant wird, im Gegensatz zu den Stellen, wo der Begriff nicht auftaucht.

erlebte Landeskunde, die (S. 32): Landeskundliches Programm des Goethe-Instituts für die Lehrerfortbildung in der Bundesrepublik Deutschland. Die Kursteilnehmer erschließen sich landeskundliches Wissen selbst, indem sie Institutionen (Post, Schulen etc.) besuchen oder Alltagsbegriffe bzw. Sachverhalte durch Interviews, teilnehmende Beobachtung oder (Assoziations-)Experimente selbständig erschließen und dabei bewußt verschiedene kulturelle Perspektiven auf diese Gegenstände einbeziehen.

Evaluation/Evaluierung der Schüler-Antworten (S. 65): Methodischer Schritt in der Phase der (→) Bedeutungsvermittlung. Ausgehend von den Antworten der Lernenden auf die (→) Kontrollfragen des Lehrers stellt der Lehrer Vermutungen darüber an, wie die Lernenden die entsprechenden Begriffe verstanden haben.

Finalkonsequenz, die (S. 62): Technik der Bedeutungsvermittlung, die den Zweckzusammenhang verschiedener Begriffe zur Bedeutungserklärung nutzt; z. B. einen *Hammer* braucht man, um *Nägel* einzuschlagen.

Generalisierung, die (S. 30): Verallgemeinerung, d. h., von einer Erfahrung ausgehend, allgemeine Aussagen machen.

Idiom, das (S. 61): Redewendung, lexikalisierte feste Wortverbindung; kann auch als Technik der Bedeutungsvermittlung auf der Wortebene eingesetzt werden: Man sagt: *Jemand ist schlau wie ein „Fuchs"* (Hinweis bei der Erklärung des Wortes *Fuchs*).

Implikation, die (S. 50): Verständnis einer Sache aus einer anderen, hier z. B. was in Verbindung damit steht, wenn man sich in einem Café zu einer fremden Person an den Tisch setzt. In Deutschland schließt das nicht gleichzeitig ein, daß man mit dieser Person ein Gespräch beginnen muß, was bei dieser Gelegenheit in anderen Ländern durchaus impliziert werden kann.

Interaktion, die (S. 15): Hier wird Interaktion als sprachliches Handeln von Menschen in einer gemeinsamen Situation verstanden. Die Menschen können sich sehr unterschiedlich an der Situation beteiligen (intensiv – sich zurückziehend; eher verbal – eher nonverbal etc.)

Interferenz, die (S. 64): Negativer Einfluß muttersprachlicher Strukturen auf den Fremdsprachenerwerb. Interferenz tritt auf bei nur scheinbarer Ähnlichkeit sprachlicher Strukturen in Mutter- und Fremdsprache. Interferenzen erschweren das Erlernen der fremden Sprache.

interkulturell (S. 36): Die Beziehungen zwischen den Kulturen betreffend; hier bezieht es sich auf eine didaktische Zielsetzung, die vor allem das Verstehen der fremden und – über den Vergleich – auch der eigenen Kultur in das Zentrum des Fremdsprachenunterrichts stellt. Die Prinzipien der interkulturellen Didaktik wurden in den 80er Jahren entwickelt. Ausgangspunkt war die Erkenntnis, daß Verständigungsfähigkeit zwischen Angehörigen verschiedener Kulturen mehr als die korrekte Verwendung der fremden Sprache (Grammatik) bedeutet. Zum sprachlichen Wissen muß immer auch der Versuch des kulturellen Verstehens kommen: das Verstehen der fremden Kultur, der Angehörigen der fremden Kultur und ihrer Handlungen sowie der Prozesse, die durch die Interaktion verschiedenkultureller Partner (interkulturelle Situation) bewirkt werden.

interkulturelle Situation, die (S. 35): In interkulturellen Situationen treten Personen aus verschiedenen Kulturen (in der Regel: Ländern) miteinander in Kontakt. Daher können sie kein gemeinsames Kulturwissen bei allen Beteiligten voraussetzen. Sie sind gezwungen, sich – mehr als in (→) monokulturellen Situationen – zu vergewissern, ob das eigene Verständnis der Situation auch der Situationsinterpretation der anderen entspricht.

intrakultureller Vergleich, der (S. 82): Abgrenzung, Vergleich bedeutungsähnlicher Begriffe innerhalb einer Kultur ist notwendig, um z. B. die Funktion von Gegenständen in einer Kultur zu bestimmen, bevor man sie mit (vielleicht nur äußerlich) ähnlichen Gegenständen in einer anderen Kultur vergleicht.

Kausalkonsequenz, die (S. 62): Technik der Bedeutungsvermittlung, die den kausalen Zusammenhang (Ursache – Wirkung) verschiedener Begriffe zur Bedeutungserklärung nutzt; z. B.: Er *schämt* sich, weil er einen *Fehler* gemacht hat.

Kollokation, die (S. 13): Mit Kollokation bezeichnet man in der Sprachwissenschaft die inhaltliche Kombinierbarkeit von sprachlichen Einheiten, wie z. B. *Hund* und *bellen* (aber nicht: *Hund* und *schreien*).

Koordination, die (S. 13): Koordinationen sind in der Sprachwissenschaft sprachliche Einheiten, die in einem engen (Verwendungs-)Zusammenhang stehen und deshalb oft nebeneinander anzutreffen sind, z. B.: *Salz* und *Pfeffer, Liebe* und *Leidenschaft*.

Kontrollfragen, die (Pl.) (S. 66): Hier: methodischer Schritt in der Phase der (→) Bedeutungsvermittlung. Sie geben Aufschluß darüber, ob die Lernenden die Bedeutungserklärung des Lehrers verstanden haben, sind also nicht als Leistungskontrolle zu verstehen; sie sollen den Lernenden zeigen, wie man – auch außerhalb des Unterrichts – durch gezielte Fragen ein besseres Verständnis erreichen kann.

konventionalisierte begriffliche Kenntnis, die (S. 30): Die Bedeutung von Wörtern hängt mit der Gesellschaft und Kultur zusammen, in der sie verwendet werden. Sie ist Ausdruck einer Konvention, einer allgemeinen Vorstellung, wie z. B. die Vorstellung von *höflich/unhöflich*, ob man beim *Frühstück* in Anwesenheit eines Gastes die Zeitung liest oder nicht etc. Diese konventionalisierte Vorstellung, also was für Deutsche z. B. *höflich* und was eher *unhöflich* ist, beruht auf kulturspezifischen Erfahrungen, die auch als Orientierungsnorm empfunden werden und die man daher als konventionalisierte begriffliche Kenntnis bezeichnet.

Kultur, die (S. 9): „Allgemein kann Kultur als ein universell verbreitetes, für eine Gesellschaft, Nation, Organisation und Gruppe aber spezifisches <u>Orientierungssystem</u> betrachtet werden. Dieses Orientierungssystem beeinflußt die Wahrnehmung, das Denken, Werten und Handeln der Menschen innerhalb der jeweiligen Gesellschaft. Das Orientierungssystem wird durch bestimmte Arten von Symbolen (z. B. Sprache, nichtsprachliche Ausdrucksformen wie Mimik und Gestik und spezifische bedeutungshaltige Verhaltensweisen) repräsentiert. Es wird über den Prozeß der Sozialisation an die nachfolgende Generation tradiert und ermöglicht den Mitgliedern der Gesellschaft ihre ganz eigene Lebens- und Umweltbewältigung." (Thomas 1988, 82–83)

„Das kulturspezifische Orientierungssystem besteht aus Kulturstandards, d. h. aus den von Mitgliedern der Kultur geteilten Normen, Werten, Überzeugungen, Einstellungen, Regeln etc. Sie geben den Mitgliedern der jeweiligen Kultur eine Orientierung für ihr eigenes Verhalten und ermöglichen ihnen zu entscheiden, welches Verhalten als normal, typisch oder akzeptabel anzusehen ist. Die Kulturstandards dienen somit als Maßstab für die Steuerung eigenen Verhaltens, für die Erwartungen gegenüber dem Verhalten anderer sowie für die Wahrnehmung und Bewertung des Verhaltens der Mitmenschen. Als zentral werden diejenigen Kulturstandards bezeichnet, die weite Bereiche der Wahrnehmung, des Denkens, des Urteilens und des Handelns bestimmen und die für die interpersonale Wahrnehmung und Beurteilung von zentraler Bedeutung sind." (Müller/Thomas 1991, 7)

Lernhaltung, die (S. 80): Ergebnis von Lernprozessen, die bei den Lernenden zu bestimmten Lerneinstellungen, zu einem bestimmten Lernverhalten geführt haben. Ziel dieser Studieneinheit ist es, daß die Lernenden von sich aus kulturelle Hintergründe von Begriffen erfragen und daß dieses Vorgehen zu einer neuen Lernhaltung führt.

mentale Anschauungsobjekte, die (Pl.) (S. 62): Damit sind Vorstellungen oder „innere Bilder" gemeint, die der Lehrer den Lernenden zur Erklärung eines Begriffs, z. B. durch die Darstellung einer bestimmten Situation, vermittelt. Mit Hilfe mentaler Anschauungsobjekte können wir einen Sachverhalt vor unserem „geistigen Auge" simulieren, z. B. *Gemütlichkeit* ist, wenn man an einem kalten Winterabend bei Kerzenlicht im warmen Zimmer sitzt und den Abend mit Freunden genießt.

monokulturelle Situation, die (S. 36): In monokulturellen Situationen treten Personen aus einer abgrenzbaren Kultur (meistens: Land) miteinander in Kontakt. Sie setzen dabei in der Regel ein gemeinsames Kulturwissen und eine gleiche Situationsinterpretation beim anderen voraus.

Paraphrase, die (S. 46): Umschreibung. Technik der Bedeutungsvermittlung, bei der das zu erklärende Wort mit bekannten Wörtern umschrieben wird: Ein *Frühstücksei* ist ein weichgekochtes Ei. Es gehört in Deutschland zu einem guten (Sonntags-)Frühstück.

Prototyp, der (S. 16): Häufiger, meist typischer Unterbegriff (vgl. S. 22ff.), der als Inbegriff dessen gilt, was gemeinhin als abstrakter Oberbegriff (vgl. Überordnungsbegriff, S. 22ff.) angesehen wird und der ihn als Richtschnur zur Erfassung und Klassifizierung anderer Unterbegriffe ersetzt.

Skills, die (Pl.) (S. 52): Englisches Wort für Techniken, Fertigkeiten. In unserer Studieneinheit geht es um **teaching skills** (Lehrtechniken) zur Bedeutungsvermittlung.

Suchfragen, die (Pl.) (S. 80): Fragen, die Lernende stellen, um über eine Hypothesenbildung fremde kulturspezifische Bedeutungen von Begriffen zu erfassen. Suchfragen sind kognitive Lerntechniken.

Subordination, die (S.13): Subordination ist die Unterordnung von gleichgearteten Begriffen unter einen übergeordneten Begriff, z. B. *Paris, Rom, Berlin* sind *Hauptstädte*.

Superordination, die (S. 17): Mit Superordination bezeichnet man in der Sprachwissenschaft die Zusammenfassung verschiedener, inhaltlich verwandter sprachlicher Einheiten unter einem übergeordneten Begriff: *Säugetier* ist z. B. die Superordination zu *Pferd, Hund, Katze*.

Techniken, die (Pl.) (S. 43ff.): Der Begriff Techniken bezieht sich in dieser Studieneinheit auf einzelne Unterrichtshandlungen wie Erklären, Kontrollieren usw. Techniken sind als Unterrichtsschritt weniger komplex als Methoden.

Temporalkonsequez, die (S. 62): Technik der Bedeutungsvermittlung, die den zeitlichen (temporalen) Zusammenhang zwischen Begriffen zur Bedeutungserklärung nutzt, z. B.: *„Nach der Hochzeit" macht das frisch verheiratete Ehepaar „Flitterwochen" an einem schönen Ort.*

Übergeneralisierung, die (S. 64): Falsche Verwendung eines Begriffs; zu Übergeneralisierungen kommt es z. B., wenn Lernende eine Begriffskomponente – etwa Sport *treiben* – auf Zusammenhänge anwenden, in denen sie nicht vorkommen kann; z. B. Musik *treiben*. Oft sind (→) Interferenzen Ursache für solche falschen Übertragungen.

Untergeneralisierung, die (S. 64): Falsche Verwendung eines Begriffs durch ein zu enges Verständnis, z. B. könnten Lernende *Ehrgeiz* als Substantiv mit ausschließlich negativer Bedeutung verstehen, weil sie diesen Begriff in einem entsprechenden Kontext kennengelernt haben: *Er hat den „Ehrgeiz" (Strebertum), Klassenbester zu werden.*

Unterrichtsplanung, die (S. 36): Detaillierte Planung des Unterrichts, langfristig (Jahresplan) oder kurzfristig (Stundenplan). Unterrichtspläne dienen zur Orientierung des unterrichtspraktischen Handelns und sollen zeigen, wie der Unterricht angelegt sein soll. In ihnen wird ein begründeter Zusammenhang von Ziel-, Inhalts- und Methodenentscheidungen hergestellt.

Vergleichsperspektive, die (S. 82): Diejenige kulturelle Perspektive, auf deren Grundlage Vergleiche bezüglich einer anderen Kultur (Konkreta, Abstrakta, Handlungen usw.) gezogen werden.

Wortfamilie, die (S. 18): Gruppe von Wörtern, die sich aus ein und derselben etymologischen Wurzel entwickelt haben oder von ein und demselben Lexem herzuleiten sind. (Duden/DUW, 1989, 1755)

9 Literaturhinweise

Bibliographie und weiterführende Literatur zum Thema *Bedeutungsvermittlung:*

AITCHISON, Jean (1987): *Words in the Mind. An Introduction to the Mental Lexicon.* Oxford: Basil Blackwell.

ALIX, Christian (1988): *Binationale Begegnungen und Jugendaustausch – Begegnungserlebnis oder Begegnungsarbeit?* In: Deutsch-französisches Kulturzentrum Essen (Hrsg.): *Deutschland – Frankreich, Höhen und Tiefen einer Zweierbeziehung.* Essen: Die Blaue Eule, 69–71.

BACHMANN, Saskia/BRECHEISEN, Trudi u. a. (1988): *Sichtwechsel. Elf Kapitel zur Sprachsensibilisierung. Arbeitsbuch Grammatik, Wortschatz, Textarbeit.* München: Klett Edition Deutsch.

BALDINGER, Kurt (1985): *Alphabetisches oder begrifflich gegliedertes Wörterbuch?* In: ZGUSTA, Ladislav (Hrsg.): *Probleme des Wörterbuchs.* Darmstadt: Wissenschaftliche Buchgesellschaft, 40–57.

BAUSINGER, Hermann (1988): *Stereotypie und Wirklichkeit.* In: *Jahrbuch Deutsch als Fremdsprache.* München: Iudicium, Bd. 14, 157–170.

BROUAT, Thérèse (1986): *„On n' appelle pas toujours un chat.“ ou comment migrer d'un système de représentation à un autre.* In: *Les Langues Modernes, 2/1986, 41–44.*

BYRAM, Michael (1986): *Cultural studies in foreign language teaching.* In: *Language teaching, 19/1986, 322–326.*

CORNU, Anne-Marie (1981): *Die wichtigsten methodischen Schritte bei der Wortschatzvermittlung.* In: MÜLLER, Bernd-Dietrich (Hrsg.): *Konfrontative Semantik.* Tübingen: Narr, 95–112.

DUDEN (1989): *Deutsches Universal Wörterbuch A–Z.* Mannheim/Wien/Zürich: Dudenverlag.

EHLICH, Konrad (1986): *Xenismen und die bleibende Fremdheit des Fremdsprachensprechers.* In: HESS-LÜTTICH (Hrsg.): *Integration und Identität.* Tübingen: Narr, 43–54.

EHNERT, Rolf (1988): *Komm doch mal vorbei. Überlegungen zu einer „Kulturkontrastiven Grammatik“.* In: *Jahrbuch Deutsch als Fremdsprache.* München: Iudicium, Bd. 14, 301–312.

ERDMENGER, Manfred/ISTEL, Hans-Wolf (1973): *Didaktik der Landeskunde.* München: Hueber.

FREUDENTHAL, Hans (1980): *Lernprozesse beobachten.* In: *Neue Sammlung.* Seelzer-Velber: Friedrich, 4/1980, 328–339.

GALTUNG, Johan (1985): *Struktur, Kultur und intellektueller Stil. Ein vergleichender Essay über sachsonische, teutonische, gallische und nipponische Wissenschaft.* In: WIERLACHER, Alois (Hrsg.): *Das Fremde und das Eigene. Prolegomena zu einer interkulturellen Germanistik.* München: Iudicium, 151–193.

GERIGHAUSEN, Josef/SEEL, Peter C. (Hrsg.) (1983): *Interkulturelle Kommunikation und Fremdverstehen. Dokumentation eines Werkstattgesprächs.* München: Goethe-Institut.

DIES. (1984): *Der fremde Lerner und die fremde Sprache. Überlegungen zur Entwicklung regionalspezifischer Lehr- und Lernmaterialien für Länder der „Dritten Welt“.* In: *Jahrbuch Deutsch als Fremdsprache.* München: Iudicium, Bd. 10, 126–162.

DIES. (1985): *Sprachpolitik als Bildungspolitik. Dokumentation eines Werkstattgesprächs.* München: Goethe-Institut.

DIES. (1987): *Aspekte einer interkulturellen Didaktik. Dokumentation eines Werkstatt-gesprächs*. München: Goethe-Institut.

GÖBEL, Richard (1986): *Kooperative Binnendifferenzierung im Fremdsprachen-unterricht*. Mainz: Contact Medien.

GROSS, Harro (1988): *Einführung in die germanistische Linguistik*. München: Iudicium.

HADDAD, Najm (1983): *Alltägliche Verhaltensweisen und Sprache. Ein deutsch-arabischer Vergleich für fremdsprachendidaktische Zwecke*. In: *Info DaF*, 4/1983, 77–84.

DERS. (1986): *Sprache und Kultur. Eine kontrastive Analyse als didaktisches Konzept am Beispiel des Deutschen und Arabischen*. Frankfurt/M.: Lang.

HENRICI, Gert/HERLEMANN, Brigitte (1986): *Semantisierungsprobleme im DaF/ DaZ-Unterricht: Zum Beispiel Kontaktaufnahme – Kontaktbeendigung: Begrüßen – Verabschieden*. In: Goethe-Institut (Hrsg.): *Routinen im Fremdsprachenerwerb*. München: Goethe-Institut, 262–342.

HERLEMANN, Brigitte/MELLIES, Rüdiger (1983): *Bedeutung – Fremdsprachen-erwerb – Interaktion. Fremdsprachenunterricht vor dem Hintergrund von Sprach-/Lernentwicklungsprozessen in Phylo- und Ontogenese*. Frank-furt/M.: Lang.

HOG, Martin/MÜLLER, Bernd-Dietrich (1978): *Sprachsensibilisierung und nicht-lineare Prozesse des Fremdsprachenerwerbs*. In: *Jahrbuch Deutsch als Fremdsprache*. Heidelberg: Groos, Bd. 4, 138–157.

KRUMM, Hans-Jürgen (1988): *Kulturspezifische Aspekte der Sprachvermittlung Deutsch als Fremdsprache*. In: *Jahrbuch Deutsch als Fremdsprache*. Mün-chen: Iudicium, Bd. 14, 121–126.

LADO, Robert (1976): *Vergleich zweier Kulturen – wie?* In: WEBER, Horst (Hrsg.): *Landeskunde im Fremdsprachenunterricht. Kultur und Kommunikation als didaktisches Konzept*. München: Kösel, 57–71.

LIST, Gudula (1981): *Sprachpsychologie*. Stuttgart: Kohlhammer.

MARSLEN-WILSON, William D./TYLER, Lorraine (1980): *The temporal structure of spoken language understanding*. In: *Cognition*, 8/1980, 1–71.

MEARA, Paul M. (1983): *Vocabulary in a second language. Specialized Bibliography 3*. Centre for Information on Language Teaching and Research. London: Carlton House Terrace.

MÜLLER, Andrea/THOMAS, Alexander (1991): *Interkulturelles Orientierungs-training für die USA. Übungsmaterial zur Vorbereitung auf ein Studium in den Vereinigten Staaten*. Saarbrücken: Breitenbach.

MÜLLER, Bernd-Dietrich (1980a): *Ausländische Studenten in der Bundesrepublik – eine Kurzdarstellung landes- und leutekundlicher Probleme aus dem Kommunikationsumkreis einer Universität*. In: Deutscher Akademischer Austauschdienst (Hrsg.): *Materialien zur Landeskunde*. Bonn, 2/1980, 37–69.

DERS. (1980b): *Zur Logik interkultureller Verstehensprobleme*. In: *Jahrbuch Deutsch als Fremdsprache*. Heidelberg: Groos, Bd. 6, 102–119.

DERS. (1981): *Bedeutungserwerb. Ein Lernprozeß in Etappen*. In: MÜLLER, Bernd-Dietrich (Hrsg.): *Konfrontative Semantik*. Tübingen: Narr, 113–154.

DERS. (1983): *Begriffe und Bilder. Bedeutungscollagen zur Landeskunde*. In: *Ziel-sprache Deutsch*, 2/1983, 5–14.

DERS. (1985): *Bedeutungsanalytische Praxisforschung in der Lehrerausbildung*. In: GERIGHAUSEN, Josef/SEEL, Peter C. (1985): *Sprachpolitik als Bildungspolitik. Dokumentation eines Werkstattgesprächs*. München: Goethe-Institut, 396–422.

DERS. (1986): *Interkulturelle Verstehensstrategien – Vergleich und Empathie*. In:

NEUNER, Gerhard (1986): *Kulturkontraste im DaF-Unterricht.* München: Iudicium, 33–84.

NEUNER, Gerhard (Hrsg.) (1986): *Kulturkontraste im DaF-Unterricht.* München: Iudicium.

DERS. (1986 a): *Concepts of Universal Socio-Cultural Experience and Their Significance for Communicative Teaching and Learning of Foreign Language at School Level.* Strasbourg: Europarat.

DERS. (1988): *Towards universals of content in the foreign language curriculum: A cognitive-anthropological approach.* In: *Language, Culture and Curriculum,* 1/1988, 33–52.

OKSAAR, Els (1985): *Problems of Communication caused by Cultureme Realizations.* In: BRUNT, Werner: *Interdisciplinary Perspektives at Cross-Cultural Communications.* Aachen: Rader, 241–255.

DERS. (1991): *Problematik im interkulturellen Verstehen.* In: MÜLLER, Bernd-Dietrich: *Interkulturelle Wirtschaftskommunikation.* München: Iudicium, 13–26.

PAULDRACH, Andreas (1987): *Landeskunde in der Fremdperspektive – zur interkulturellen Konzeption von Deutsch-als-Fremdsprache-Lehrwerken.* In: *Zielsprache Deutsch,* 4/1987, 30–42.

PIEPHO, Hans-Eberhard (1980): *Deutsch als Fremdsprache in Unterrichtsskizzen.* Heidelberg: Quelle & Meyer.

PREIBUSCH, Wolfgang/ZANDER, Heidrun (1971): *Wortschatzvermittlung: Auf der Suche nach einem analytischen Modell.* In: *IRAL,* IX, 2/1971, 131–145.

RÖSLER, Dietmar (1987): *Möglichkeiten der Verankerung interkultureller Kommunikation im Deutsch-als-Fremdsprache-Lehrmaterial der Grundstufe.* In: *Zielsprache Deutsch,* 1/1987, 23–29.

ROHRER, Josef (1984): *Die Rolle des Gedächtnisses beim Fremdsprachenlernen.* Bochum: Kamp.

DERS. (1985): *Lernpsychologische Aspekte der Wortschatzarbeit.* In: *Materialien Deutsch als Fremdsprache,* 24/1985, 35–59.

ROSCH, Eleanore (1975): *Cognitive representation of semantic categories.* In: *Journal of Experimental Psychology.* General 104, 192–233.

SCHLEYER, Walter (1985): *Zur Lexik im Fremdsprachenerwerb: Die Frage der Wortschatzauswahl.* In: *Materialien Deutsch als Fremdsprache,* 24/1985, 60–73.

SVENSSON, Sture E. (1986): *Kulturorientierung als Ziel des gymnasialen Unterrichts in Deutsch als Fremdsprache.* In: *Didakometrie und Soziometrie (Kurz-Informationen des Pädagogisch-psychologischen Instituts der Lehrerhochschule in Malmö),* Nr. 28.

THOMAS, Alexander (1988): *Psychologisch-pädagogische Aspekte interkulturellen Lernens im Schüleraustausch.* In: THOMAS, Alexander (Hrsg.): *Interkulturelles Lernen im Schüleraustausch,* SSIP-Bulletin Nr. 58. Saarbrükken: Breitenbach, 77 – 99.

VALETTE, Rebecca M. (1986): *The culture test.* In: VALDES, Joyce Merrill (ed.): *Culture Bound.* Cambridge: University Press.

ZARATE, Geneviève (1986): *Enseigner une culture etrangère.* Paris: Hachette.

10 Quellenangaben

BRECHT, Bertolt (1967): *Gesammelte Werke,* Bd. 10, Gedichte 3. Frankfurt/M.: (c) Suhrkamp, 1022.

EHNERT, Rolf (1988): *Komm doch mal vorbei. Überlegungen zu einer „kulturkontrastiven Grammatik".* In: *Jahrbuch Deutsch als Fremdsprache.* München: Iudicium, Bd. 14, 303.

FREUDENTHAL, Hans (1980): *Lernprozesse beobachten.* In : *Neue Sammlung.* Seelzer-Velber: Friedrich, 4/1980, 328f.

GÖTZ, Dieter u. a. (1993): *Langenscheidts Großwörterbuch Deutsch als Fremdsprache.* Berlin/München: Langenscheidt, 1031.

HAJAJ, Mustapha el (1987): *Mustaphas Geschichten aus dem Morgen- und Abendland.* Wuppertal: Hammer, 53f.

HOG, Martin/MÜLLER, Bernd-Dietrich/WESSLING, Gerd (1983): *Sichtwechsel. Elf Kapitel zur Sprachsensibilisierung.* München: Klett Edition Deutsch, 81 u. 82.

LUDWIG-UHLAND-INSTITUT FÜR EMPIRISCHE KULTURWISSEN-SCHAFTEN (Hrsg.) (1986): *Fremde Deutsche. Alltagskultur aus der Sicht ausländischer Studierender.* Tübingen: Universität, 34ff.

MEBUS, Gudula u. a. (1987): *Sprachbrücke 1. Deutsch als Fremdsprache.* München: Klett Edition Deutsch, 120.

MÜLLER, Bernd-Dietrich (1983): *Begriffe und Bilder. Bedeutungscollagen zur Landeskunde.* In: *Zielsprache Deutsch,* 2/1983, 6.

MUSCHG, Adolf (1983): *Baiyun oder die Freundschaftsgesellschaft.* Frankfurt/M.: Suhrkamp, 170 – 173.

OFFENBACH, Jacques (1977): *Salon Blumenkohl (Salon Pitzelberger).* Buffo-Operette in einem Akt. Deutscher Text nach Karl F. Wittmann von Heinz Balthes und Paul Vasil. Musikalische Revision, neue Instrumentation und praktische Bearbeitung von Caspar Richter. Berlin/Wiesbaden: Bote und Bock.

PIEPHO, Hans-Eberhard (1980): *Deutsch als Fremdsprache in Unterrichtsskizzen.* Heidelberg: Quelle & Meyer, 168f.

PROKOFJEW, Sergei (1985): *Peter und der Wolf. Ein musikalisches Märchen für Sprecher und Orchester, op. 67.* Mainz: Eulenburg, 8.

SCARRY, Richard (1992): *Mein allerschönstes Wörterbuch. Deutsch, Englisch, Französisch.* Köln: Delphin, 7.

SCHRIBER, Margit (1981): *Luftwurzeln.* Frauenfeld: Huber & Co., 9 – 13.

SCHWEIZER, Ilse; Adaption aus: ARNOUX, Claude/MÜLLER, Bernd-Dietrich (1985): *L'épreuve d'allemand.* Paris: Vuibert, 100.

VORDERWÜLBECKE, Anne/VORDERWÜLBECKE, Klaus (1988): *Stufen 2, Handbuch für den Unterricht.* München: Klett Edition Deutsch, 189f.

DIES. (1991): *Stufen 1, Kursbuch.* München: Klett Edition Deutsch, 24.

WAHRIG, Gerhard u. a. (1986): *Deutsches Wörterbuch.* Gütersloh/München: Bertelsmann Lexikon Verlag, 1279.

Angaben zum Autor

Bernd-Dietrich Müller-Jacquier, Jg. 1949, Akademischer Rat im Fachgebiet Deutsch als Fremdsprache (Interkulturelle Germanistik) an der Universität Bayreuth. Studium der Germanistik, Erziehungswissenschaft und Romanistik in Bonn, Toulouse und Tübingen sowie des Englischen als Fremdsprache (Applied Linguistics) in Bloomington (Indiana) und Amherst (Massachusetts); Promotion und Wissenschaftlicher Angestellter am Institut für Erziehungswissenschaften II an der Universität Tübingen (Sprachlehrforschung); DAAD-Lektor für deutsche Sprache und Linguistik an den Universitäten Coimbra, Paris III und Montpellier; 1991–1993 Gastprofessor für Interkulturelle Kommunikation an der Technischen Universität Chemnitz-Zwickau mit einem Lehrauftrag; 1992–1993 Wissenschaftlicher Angestellter im Studiengang „Interkulturelle Wirtschaftskommunikation" der Universität Jena.

Arbeitsschwerpunkte: Fremdverstehen, bezogen auf Deutsche(s); interkulturelle Kommunikation, interkulturelle Didaktik des Deutschen als Fremdsprache, Lehrerfortbildung.

An der Entwicklung des DIFF-Projekts zur Landeskundevermittlung waren beteiligt:

Der wissenschaftliche Beirat:

Christoph Edelhoff, Hans-Jürgen Krumm, Dietrich Krusche, Hans-Eberhard Piepho, Karlheinz Rebel

Die Projektgruppe des DIFF:

Wolfram Hosch, Gabriele Steffen (bis 4/1990), Gunther Weimann, Margaret Winck

Wissenschaftliche Hilfskräfte: Inge Hitzenberger (bis 4/1992), Petra Schulz

Texterfassung im DIFF: Stiliani Andreadaki (bis 4/1990), Martin Wambsganß

Texterfassung im Goethe-Institut München: Monika Stahl, Milena Klipingat

Das Fernstudienprojekt DIFF – GhK – GI

Nachdem Sie diese Studieneinheit durchgearbeitet haben, möchten Sie vielleicht Ihre Kenntnisse auf dem einen oder anderen Gebiet vertiefen, möchten mehr wissen über konkrete Unterrichtsplanung, über die Schulung von Lesefertigkeiten, über Literatur, ihre Entwicklung und Hintergründe oder über andere Bereiche der Wortschatzarbeit oder Landeskunde …
Sie haben bereits Hinweise auf andere Fernstudieneinheiten gefunden und sind neugierig geworden? Sie möchten wissen, was das für Studieneinheiten sind, wo Sie sie bekommen und wie Sie sie benutzen können?

Zu diesen Fragen möchten wir Ihnen noch einige Informationen geben:

Diese Studieneinheit ist im Rahmen eines Fernstudienprojekts im Bereich DaF/ Germanistik entstanden, das das Deutsche Institut für Fernstudien an der Universität Tübingen (DIFF), die Universität Gesamthochschule Kassel (GhK) und das Goethe-Institut München (GI) zusammen durchgeführt haben.
In diesem Projekt werden Fernstudienmaterialien für die fachwissenschaftliche und fachdidaktische Weiterbildung zu folgenden Themenbereichen entwickelt:

Deutsch als Fremdsprache (DaF)

Projekt

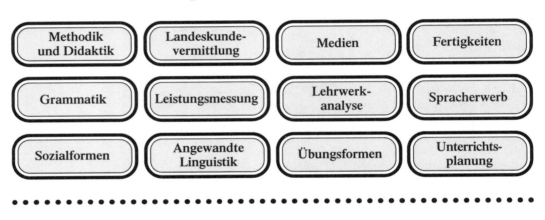

Germanistik

Themen

Weitere Studieneinheiten sind in Vorbereitung (Planungsstand 1994) bzw. erschienen:

Bereich Germanistik

Literaturwissenschaft

- Einführung in die germanistische Literaturwissenschaft (Helmut Schmiedt)
- Literaturgeschichte I: Vom Mittelalter zum Sturm und Drang (Hartmut Kugler)
- Literaturgeschichte II: Von der Klassik zur Jahrhundertwende (Egon Menz)
- Literaturgeschichte III: 20. Jahrhundert (Hans-Otto Horch)
- Einführung in die Analyse von erzählenden Texten (Helmut Schmiedt)
- Einführung in die Analyse lyrischer Texte (Helmut Schmiedt)
- Einführung in die Analyse dramatischer Texte (Helmut Schmiedt)

Linguistik

- Einführung in die germanistische Linguistik (Hans-Otto Spillmann)
- Grammatik des deutschen Satzes (Wilhelm Köller)
- Semantik (Rolf Müller)
- Historische Grammatik (Günther Rohr)
- Textlinguistik (Helga Andresen)
- Pragmalinguistik (Werner Holly)

Bereich Deutsch als Fremdsprache

Methodik/Didaktik Deutsch als Fremdsprache

- Einführung in das Hochschulfach Deutsch als Fremdsprache (Rolf Ehnert/Gert Henrici/Reiner Schmidt/Klaus Vorderwülbecke)
- Methoden des fremdsprachlichen Deutschunterrichts (Gerhard Neuner/Hans Hunfeld), erschienen 8/93
- Zweit- und Fremdsprachenerwerbstheorien (Ernst Apeltauer)
- Testen und Prüfen in der Grundstufe (Hans-Georg Albers/Sibylle Bolton)
- Lesen als Verstehen. Zum Verstehen fremdsprachlicher literarischer Texte und zu ihrer Didaktik (Swantje Ehlers), erschienen 2/92
- Angewandte Linguistik im fremdsprachlichen Deutschunterricht. Eine Einführung (Britta Hufeisen/Gerhard Neuner)

Landeskunde

- Routinen und Rituale in der Alltagskommunikation (Heinz-Helmut Lüger), erschienen 10/93
- Bilder in der Landeskunde (Dominique Macaire/Wolfram Hosch)
- Kontakte knüpfen (Rainer Wicke)
- Landeskunde und Literaturdidaktik (Monika Bischof/Viola Kessling/Rüdiger Krechel)
- Landeskunde mit der Zeitung (Hans Sölch)
- Geschichte im Deutschunterricht (Iris Bork-Goldfield/Frank Krampikowski/Gunther Weimann)
- Landeskunde im Anfangsunterricht (Kees van Eunen/Henk Lettink)

Methodik/Didaktik Deutsch als Fremdsprache

Basispaket

- Fertigkeit Hören (Barbara Dahlhaus), erschienen 3/94
- Fertigkeit Lesen (Gerard Westhoff)
- Fertigkeit Sprechen (Gabriele Neuf-Münkel/Regine Roland)
- Fertigkeit Schreiben (Bernd Kast)
- Grammatik lehren und lernen (Hermann Funk/Michael Koenig), erschienen 12/91
- Probleme der Wortschatzarbeit (Rainer Bohn/Bernd Kast/Bernd Müller-Jacquier)
- Arbeit mit Lehrwerkslektionen (Peter Bimmel/Bernd Kast/Gerhard Neuner)
- Probleme der Leistungsmessung (Sibylle Bolton)

Aufbaupaket

- Arbeit mit Sachtexten (Ingeborg Laveau/Rosemarie Buhlmann)
- Arbeit mit literarischen Texten (Swantje Ehlers/Bernd Kast)
- Arbeit mit Fachtexten (Hermann Funk)
- Lieder im Deutschunterricht (Hermann Dommel/Uwe Lehners)
- Video im Deutschunterricht (Marie-Luise Brandi)
- Phonetik und Intonation (Helga Dieling)

- Computer im Deutschunterricht (Margit Grüner/Timm Hassert)
- Medieneinsatz (Lisa Fuhr)
- Spiele im Deutschunterricht (Christa Dauvillier/Dorothea Lévy)
- Lehrwerkanalyse (Maren Duszenko/Bernd Kast/Hans-Jürgen Krumm)
- Sozialformen und Binnendifferenzierung (Inge Schwerdtfeger)
- Handlungsorientierter Deutschunterricht und Projektarbeit (Michael Legutke)
- Lerntechniken (Peter Bimmel/Ute Rampillon)
- Fehlerdidaktik (Karin Kleppin)
- Testen und Prüfen in der Mittel- und Oberstufe (Hans-Georg Albers/Sibylle Bolton/ Hans-Dieter Dräxler/Michaela Perlmann-Balme)
- Unterrichtsbeoachtung und Lehrerverhalten (Barbara Ziebell)
- Lernpsychologie, Lernen als Jugendlicher – Lernen als Erwachsener (Bärbel Kühn)
- Grammatik erklären und üben in der Grundstufe
- Deutsch im Primarbereich (Dieter Kirsch)

| Adressaten |

Die Studieneinheiten wenden sich an:
- Lehrende im Bereich Deutsch als Fremdsprache im Ausland und in Deutschland
- Germanisten/innen an ausländischen Hochschulen
- Studierende im Bereich Germanistik und Deutsch als Fremdsprache
- Aus- und Fortbilder/innen im Bereich Deutsch als Fremdsprache.

| Konzeption/Ziele |

Wozu können Sie die Studieneinheiten verwenden?

Je nachdem, ob Sie als Deutschlehrer, Hochschuldozent oder Fortbilder arbeiten oder DaF/Germanistik studieren, können Sie entsprechend Ihren Interessen die Studieneinheiten benutzen, um
- sich persönlich fortzubilden,
- Ihren Unterricht zu planen und durchzuführen,
- sich auf ein Studium in Deutschland vorzubereiten,
- sich auf eine Weiterqualifikation im Bereich DaF (z. B. Erwerb des Hochschulzertifikats DaF an der GhK) vorzubereiten (die GhK bietet die Möglichkeit, bis zu 50% des zweisemestrigen Ergänzungsstudiums DaF auf dem Wege des Fernstudiums anerkannt zu bekommen),
- ein Weiterbildungszertifikat im Bereich Deutsch als Fremdsprache zu erwerben. (Die GhK bietet in der Bundesrepublik Deutschland einen Fernstudienkurs *Fremdsprachlicher Deutschunterricht in Theorie und Praxis* an, der mit einem Zertifikat abgeschlossen wird. Im Ausland werden die GhK und das GI gemeinsam mit ausländischen Partnerinstitutionen entsprechende Fernstudienkurse anbieten, die mit einem gemeinsamen Zertifikat der drei Partnerinstitutionen abschließen.)

| Arbeitsformen |

Wie können Sie die Studieneinheit verwenden?
- Im Selbststudium können Sie sie durcharbeiten, die Aufgaben lösen und mit dem Lösungsschlüssel vergleichen.
- In zahlreichen Ländern werden Aus- und Fortbildungsgänge angeboten, in denen die Studieneinheiten in Fernstudienkursen oder Seminarveranstaltungen ganz oder in Auszügen eingesetzt werden.
- Als Aus- und Fortbilder können Sie sie als Steinbruch oder kurstragendes Material für Ihre Veranstaltungen verwenden.

Weitere Informationen erhalten Sie bei:

Deutsches Institut für Fernstudien
an der Universität Tübingen
Postfach 1569
72072 Tübingen

Universität Gesamthochschule Kassel
FB 9 (Prof. Dr. Gerhard Neuner)
Postfach 10 13 80
34127 Kassel

Goethe-Institut München
Referat 41 FSP
Helene-Weber-Allee 1
80637 München

Langenscheidts Grundwortschatz Deutsch für verschiedene Ausgangssprachen

Basic German Vocabulary
328 S., 11,5 x 18 cm, ISBN 3-468-49400-9

Vocabulaire allemand de base
328 S., 11,5 x 18 cm, ISBN 3-468-49402-5

Vocabolario fondamentale di tedesco
328 S., 11,5 x 18 cm, ISBN 3-468-49404-1

Vocabulario fundamental del alemán
328 S., 11,5 x 18 cm, ISBN 3-468-49406-8

- Ein Lernwörterbuch mit rund 4000 Stichwörtern
- nach Sachgebieten geordnet
- mit Übersetzung des Grundworts, Anwendungsbeispielen, Angaben zur Aussprache und zur Grammatik.

Das illustrierte **Übungsbuch** dazu enthält vielfältige Wortschatzübungen mit Lösungsschlüssel. Es ist hervorragend für den Selbstunterricht geeignet. Das Übungsbuch ist ebenfalls **in verschiedenen Ausgangssprachen** erhältlich.

Workbook
420 S., 11,5 x 18 cm,
ISBN 3-468-49401-7

Activités écrites
420 S., 11,5 x 18 cm,
ISBN 3-468-49403-3

Libro d'esercizi
420 S., 11,5 x 18 cm,
ISBN 3-468-49405-X

Libro de ejercicios
420 S., 11,5 x 18 cm,
ISBN 3-468-49407-6

Darüber hinaus stellt das **einsprachig deutsche Übungsbuch** für Lerner *aller* Ausgangssprachen (auch jener, für die es kein Lernwörterbuch gibt) ein nützliches Trainingsprogramm dar. Es kann als wichtiges Hilfsmittel bei themenorientierter Wortschatzarbeit im Unterricht und Selbststudium eingesetzt werden.

Übungsbuch
(einsprachig deutsch)
420 S., 11,5 x 18 cm,
ISBN 3-468-49419-X

...weil Sprachen verbinden

Postf. 40 11 20 · 80711 München · Telefon 0 89/360 96-0